Christian Eidam

Phonetik in der Schule

ein Beitrag zum Anfangsunterricht im Französischen und Englischen

Christian Eidam

Phonetik in der Schule
ein Beitrag zum Anfangsunterricht im Französischen und Englischen

ISBN/EAN: 9783743661998

Hergestellt in Europa, USA, Kanada, Australien, Japan

Cover: Foto ©Paul-Georg Meister /pixelio.de

Weitere Bücher finden Sie auf **www.hansebooks.com**

Phonetik in der Schule?

Ein Beitrag zum Anfangsunterricht

im

Französischen und Englischen

von

Christian Eidam
k. Studienlehrer.

Mit 2 Beilagen.

WÜRZBURG

A. Stuber's Verlagshandlung.

1887.

Das Alte stürzt, es ändert sich die Zeit!

Eine wahre Umwälzung wird auf dem Gebiet des französischen und englischen Unterrichts in den letzten Jahren gepredigt; und mit Recht kann man obige Worte Attinghausens auf diese immer weiter um sich greifende Bewegung anwenden. Ja, das Alte stürzt, und wie das gewöhnlich geschieht, erinnert man sich nicht mehr mit Dankbarkeit des vielen Guten, das es trotz aller Schattenseiten gebracht hat, sondern man verurteilt und verwirft es in höchst ungerechter Weise vollständig. So macht man es jetzt auch mit dem Mann, der sich entschieden grosse Verdienste um den Unterricht im Französischen in Deutschland erworben hat: ich meine Plötz, und es drängt mich hier vor allem, diesem Mann gegenüber, der mir vor Jahren bei meinem Studium der neufranzösischen Sprache durch seine Bücher ein treuer Führer und Berater gewesen ist, eine Pflicht der Dankbarkeit zu erfüllen und Verwahrung einzulegen gegen die Art, wie jetzt vielfach über ihn und seine Werke gesprochen wird. Fürwahr, er hat es nicht verdient, dass man jetzt sozusagen keinen guten Faden mehr an ihm lässt. Es ist ja klar, dass von Phonetik, der Losung des Tages, in seinen Büchern nichts zu lesen ist in der Art, wie man es jetzt verlangt; [1]) und dass man an seiner Methode manches aussetzen kann. Aber deshalb vom „geistlosen Plötzismus" zu sprechen, das geht doch zu weit. Es berührt äusserst unangenehm, diesen trefflichen Kenner der französischen

---

[1]) Übrigens darf man nicht ausser Acht lassen, dass Plötz die Wichtigkeit des Lautes stark betonte, so z. B. in seiner Anleitung u. s. w. mit den Worten: „Auch vergesse man ja nicht, dass für eine lebende Sprache das gesprochene Wort ebenso wichtig, wo nicht wichtiger ist, als das geschriebene."

Sprache mit solcher Geringschätzung behandelt zu sehen; denn wenn auch nicht alle seine Schulbücher mehr auf der Höhe der Zeit stehen (es ändert sich die Zeit!), so haben doch viele derselben dauernden Wert. Seine „Method. Stufenfolge" halte ich nach wie vor für ein gutes Buch, das den Schüler mit dem Wissenswertesten aus der Grammatik bekannt macht; aus seinen „Lese- und Übungsbüchern" lässt sich viel als Übersetzungsstoff verwenden; die „Übungen zur Syntax" sind anerkannt trefflich und enthalten nur selten störende Gallicismen (man vergleiche dagegen das geradezu schauerliche Deutsch in Wilckes Materialien, Berlin, Weidmann). das kleine Büchlein über die Aussprache mit den wertvollen Belegen aus dem Théâtre français, das Vocabulaire und das Manuel de Littérature werden gewiss von vielen noch lange als sehr schätzbare Nachschlage- und Hilfsbücher benützt. Sind denn die neueren Schulbücher alle wirklich besser als die von Plötz? Da werden den letzteren beispielsweise von der Kritik die Bücher Steinbarts vorgezogen. Man betrachte doch einmal dessen Elementargrammatik. Welche Fehler in der Aussprachelehre,[1] welche erdrückende Masse von Einzelsätzen und damit von Wörtern, welche der Schüler nicht zur Hälfte behalten kann, welche sonderbare, verwirrende Einteilung beim Zeitwort! Fürwahr, da habe ich doch früher am Würzburger Gymnasium hundertmal lieber nach der Elementar-Grammatik von Plötz unterrichtet, wenn ich mich auch besonders im Anfang nicht sklavisch daran gehalten, sondern — was sich ganz gut machen liess — mich schon seit Jahren bestrebt habe, nach dem wichtigen Grundsatz zu verfahren, dass man vom Laut und nicht vom Buchstaben ausgehen müsse; nebenbei bemerkt, lange bevor die Hochflut der verschiedenen Schriften eintrat, in welchen dieser Satz als ein neues Evangelium verkündet wird.

---

[1] Z. B. S. 3: ei und ai lauten wie das „ee" in Heer. S. 5: am, an lauten ähnlich wie „aug" in „Angst", doch weicher. S. 6: aim, ain usw. lauten wie „äng" in „ängstlich."

Um nun auf mein eigentliches Thema überzugehen, so ersieht man aus den letzten Worten, dass ich den Forderungen, mehr Rücksicht auf den Laut zu nehmen, durchaus nicht feindlich gegenüberstehe, und nicht etwa zu denen gehöre, „die, wie Breymann sagt, jedem Fortschritt abhold, sich in den engen Kreis ihrer empirischen Kenntnisse einschliessen und jeden als einen unangenehmen Störenfried ansehen, der es wagt, die Unfehlbarkeit der durch die Gewohnheit geheiligten Routine anzuzweifeln." [1]) Im Gegenteil bin auch ich der Ansicht, dass der Sprachunterricht umkehren müsse; auch ich verlange mit aller Entschiedenheit, dass der natürlichen Entwicklung entsprechend, nach welcher die gesprochene Sprache früher ist, als die Schrift, der Laut vorausgestellt und der Unterschied zwischen Laut und Buchstabe von Anfang an dem Schüler zum Bewusstsein gebracht werde; allein es ist meine Überzeugung, dass gegenwärtig viele, in vollständiger Verkennung dessen, was die Schule soll und kann, weit über das Ziel hinausschiessen. Gewiss wird mit vollem Recht die früher allgemein übliche Gleichgültigkeit gegen den Laut bekämpft und gefordert, dass jeder Lehrer eifrigst bestrebt sei, seinen Schülern eine gute Aussprache beizubringen. Aber man verlange auch nicht zu viel. Wenn man gar manche der neueren Schriften liest, meint man wirklich, die Schüler sollten soweit gefördert werden, dass sie wie National-Franzosen oder Engländer sprechen. Echtnationale Tonfärbung ihnen beizubringen, das gebe man doch von vornherein auf; denn es führt leicht zur Affektiertheit und wird überhaupt in den seltensten Fällen gelingen. [2]) Unser Ziel ist doch wahrlich nicht, dass einmal gegebenenfalls irgend ein Schüler später mit so richtigem „Accent" spricht, dass man ihn in Frankreich oder England für einen Einheimischen hält. Nein,

---

[1]) Breymann-Möller, zur Reform des neusprachlichen Unterrichts, Seite 10.

[2]) Vgl. Kühn, Zur Methode des französischen Unterrichts, Wiesbaden Bergmann, 1883.

das ist durchaus nicht nötig, er soll immer stolz darauf sein, für einen Deutschen angesehen zu werden; jedoch für einen, der nicht durch barbarische Sprechweise das Ohr seiner Zuhörer verletzt, sondern in der „Hauptsache, der Richtigkeit der Einzellaute," etwas Tüchtiges leistet, wenn auch das Ganze „je nach der Provinz etwas plump herauskommt." [1])

Mehr als das kann man im allgemeinen in der Schule nicht erreichen. Auch mit gewissen „Feinheiten" möge man die Schüler verschonen. Dass ich damit nicht all das meine, was die gegen eine gute Aussprache Gleichgültigen früher so nannten, wird zur Genüge aus dem Folgenden hervorgehen. Allein warum man z. B. Zeit und Mühe damit verlieren soll, den Schülern das echtenglische l beizubringen, das durchaus nicht immer unserem deutschen entspricht, sehe ich nicht ein. Aehnlich ist's mit dem r. Wer gewohnt ist, diesen Laut mit der Zungenspitze hervorzubringen, den möge man doch im Französischen ruhig dabei lassen, obwohl in Paris das Zäpfchen-r gesprochen wird. Fürs Englische aber genügt es sicher, wenn der Schüler diesen wirklich schwierigen Laut, über den die Gelehrten nicht einmal einig sind, [2]) möglichst schwach, vor allem ohne Schwingungen der Zunge ausspricht. Bringt er das nicht zustande, nun so wird man eben einmal von ihm sagen, er habe einen

---

[1] Vgl. darüber die v. Hornemann (Zur Reform d. neusprachlichen Unterrichts, Hannover, C. Meyer) Seite 61 angeführten Worte Schröers: „Wir müssen vielleicht von dem Tonfalle überhaupt absehen, wenn wir nicht unsere eigene nationale Tonfärbung verlieren wollen."

[2]) So spricht Mätzner in seiner Engl. Grammatik (Ausgabe von 1873) S. 51 noch von der Hervorbringung des r „durch Vibration, die zitternde Bewegung der Zunge oder des Gaumensegels (dentales und gutturales r)." Ebenso sprechen Gesenius und Schmitz in Bezug auf das anlautender von Vibration. Steuerwald betont zwar in seinem Lehrbuch der engl. Ausspr. S. 74, dass die Vibration beim anlautenden und auslautenden englischen r geringer sei als beim deutschen, beim gutturalen englischen r wieder viel schwächer als beim dentalen. Dann aber sagt er: „Das gutturale r wird gebildet durch Vibration der Zungenwurzel und des Zäpfchens, während die Vorderzunge ruhig in der unteren Kinnlade liegt." Auch in den englischen Briefen von Toussaint-Langenscheidt finden wir die Darstellung, dass das auslautende r durch äusserst schwaches Vibrieren

„Scotch accent"; das ist dann auch kein Unglück, wenn er nur sonst richtig spricht und vor allem die englische Sprache sowohl mündlich als schriftlich genau versteht. Den Unterschied zwischen anlautendem und auslautendem r, den Vietor nicht nur in seiner Phonetik, sondern auch in der Schulgrammatik erwähnt, und wonach im Auslaut statt des r nur ein unbestimmter Vokal gehört wird, übergehe man in der Schule vollständig, um nicht zu verwirren. Bei denen, die später mehr Gelegenheit zum Englischsprechen haben, gibt sich das von selbst. Wirklich notwendig ist es dagegen, recht genau auf den Unterschied der stimmhaften und stimmlosen Konsonanten hinzuweisen und dieselben immer und immer wieder zu üben. In dieser Beziehung ist man der Wissenschaft wirklich zu grossem Dank verpflichtet, dass sie das eigentliche Wesen dieses Unterschiedes der früher so ganz ungenügend mit weich und hart bezeichneten Laute aufgedeckt hat. Dieses Ergebnis der Wissenschaft muss, besonders in Mittel- und Süddeutschland, von nun an in der einfachsten Form auch bei jedem Elementarunterricht verwendet werden; denn hier handelt es sich nicht wie oben

---

des Zäpfchens hervorgebracht werde, während das anlautende ein stärkeres, mehrmals vibriertes r sei. Ich selbst habe nach diesen Briefen Englisch gelernt und mich, so lange ich in Deutschland war, streng an die obenerwähnte Vorschrift gehalten. Bei meinem längeren Aufenthalt in London, wo ich von Anfang an der Aussprache grosse Aufmerksamkeit zuwandte, lernte ich nun bald durch Nachahmung das r richtig sprechen, ohne mir jedoch der Theorie bewusst zu sein. Erst viel später, als ich einmal veranlasst wurde, über die Art dieses mir praktisch längst geläufigen Lautes nachzudenken, wurde mir klar, dass er in den meisten Lehrbüchern ungenau oder ganz falsch geschildert ist, und erst in Victors Grammatik fand ich eine richtige Angabe, später auch in der phonetischen Einleitung zu Deutschbeins Lehrgang. Geht aus dieser Erfahrung, die ich an mir selbst gemacht habe, nicht zur Genüge hervor, dass einer, der auch nur einige Gewandtheit in der Nachahmung fremder Laute hat, zum richtigen Auffassen und Sprechen derselben auf rein praktischem Wege kommen kann, wenn er nur mit Aufmerksamkeit und redlichem Willen danach strebt? Wem aber diese Gewandtheit abgeht, den wird die Theorie zwar dahin bringen, ausführlich über den englischen r-Laut sprechen zu können, nicht aber diesen Laut selbst richtig hervorzubringen.

bei r und l um unbedeutende, das Verständnis nicht erschwerende Unterscheidungen, sondern um Dinge, ohne deren Beachtung man beim Sprechen des Französischen und noch weit häufiger des Englischen geradezu unverständlich wird.

In welcher Weise soll man nun in solchen Fällen, wo es wirklich unentbehrlich erscheint, die Phonetik in der Schule behandeln? Wie oben schon gesagt, in der allereinfachsten Weise und stets nur so weit, als es wirklich notwendig und von praktischem Nutzen ist. Eine genaue Erklärung, auf welche Art ein Laut gebildet wird, muss, wenn sie dem Schüler nicht weit mehr schaden als nützen soll, nur auf die wenigen Laute beschränkt werden, welche der Muttersprache fremd sind und deren Bildung zugleich so geschieht, dass der Schüler dieselbe wirklich sehen oder wenigstens deutlich fühlen kann. Was hilft es z. B. zu lehren, dass der g-Laut entsteht, wenn der mit dem Zungenrücken und dem hinteren Gaumen gebildete Verschluss durchbrochen wird? Denn um sich das klar zu machen, braucht man einen Spiegel, und einen solchen beim Anfangsunterricht anzuwenden, hat doch noch niemand vorgeschlagen. Oder soll etwa der Lehrer sich mit weitgeöffnetem Mund vor die Schüler hinstellen wie vor den Arzt, der seinen Rachen untersuchen will? Eine Zeichnung an der Tafel führt auch zu nichts, da die meisten Schüler, zumal die unserer humanistischen Gymnasien, viel zu wenig in der Anschauung geübt sind, um etwas daraus machen zu können, selbst wenn die Zeichnung ganz gut gelungen wäre, was man schliesslich auch nicht von jedem Lehrer der neueren Sprachen verlangen kann.

Wozu aber all das, wenn einer schon längst ganz von selbst gelernt hat, das g richtig zu sprechen? (vom Stimmton handeln wir später.) Kann das jedoch einmal in seltenen Fällen einer nicht, so verhelfen ihm gewiss alle diese Erklärungen auch nicht dazu, da wir hier einen Vorgang ganz hinten im Mund haben. So ist es auch z. B. mit dem französischen gn. Die Anweisung zur Aussprache dieses Lautes bei Breymann, Elementar Grammatik Seite 68, ist zwar etwas lang, doch kann ich mir nicht versagen, sie hier vollständig anzuführen, da sie recht deutlich zeigt, was durch die neuen Forderungen den Knaben alles zugemutet wird. Allerdings steht sie in dem nur für Lehrer bestimmten Abschnitt des Buches; aber aus den Anfangsworten geht zur Genüge hervor, dass sie auch für die Schüler gelten soll: „Um dem Schüler dies klar zu machen, lasse man ihn so langsam als möglich erst a — n — i, dann añ sprechen und dabei den Vorgang der einzelnen specifischen Artikulationen beobachten. Bei a—n—i ist der Hergang folgender: 1) ɑ-Stellung, 2) Verschlussstellung des n, 3) i-Stellung. (Bei 1. wird das Gaumensegel gehoben, bei 2. gesenkt, bei 3. wieder gehoben.) Bei añ nimmt man auch 1) die ɑ-Stellung an. Dann aber hebt sich die Zunge nicht zur n-Verschlussstellung nach vorn in die Höhe, sondern noch während des

Tönens von ɑ beginnt
{
a) die Zunge bereits die für i (j) notwendige Artikulation einzusetzen (aber nicht ganz auszuführen), während zu gleicher Zeit
b) der hintere Teil der Zunge den gutturalen n-Verschluss bildet."

Und das soll der Schüler verstehen, diese verwickelten Vorgänge soll man ihm wirklich „klar machen" können, so dass er dann leichter in den Stand gesetzt ist, den uns fremden und schwierigen Laut des gn auszusprechen? Kommt man da nicht mit der bisherigen Angabe, gn bezeichne weiches nj, auf einfachem Weg viel leichter, wenn auch nicht zu dem echtfranzösischen Laut, doch zu einem ihm möglichst nahestehenden, und damit zu dem Ziel, das in der Schule überhaupt erreichbar ist? Victor erwähnt in seiner Phonetik, Seite 175, dass er selbst früher geneigt war, das „n mouillé" für n + Halbvokal i gelten zu lassen und dass Sweet noch jetzt an dieser Ansicht fest halte. Die ganze, für den gewöhnlichen Schüler sicher unverständliche und verwirrende Beschreibung des schwer sichtbar im Innern des Mundes geschehenden Vorgangs bei der Aussprache des gn kann sonach wegbleiben. Anders ist es bei dem französischen und englischen v und dem englischen th. Hier haben wir Lautbildungen, die sichtbar vorne im Mund vor sich gehen, und deren richtige Erlernung wirklich wesentlich ist; denn französisches und englisches v ist bekanntlich durchaus nicht gleich dem deutschen w, wie immer noch in vielen Büchern zu lesen ist. Hier zeige und sage man den Schülern, ohne dabei viel mit Kunstausdrücken wie bilabial oder labio-dental, Enge und Reibung um sich zu werfen, in der einfachsten Weise: Um v auszusprechen bringt man nicht, wie beim deutschen w die beiden Lippen aneinander, sondern legt die Unterlippe an die oberen Zähne an, wie beim f und lässt die Luft langsam ausströmen. Beim englischen th aber bringt man die Zungenspitze zwischen die beiden Zahnreihen. Beides mache man nun aber auch den Schülern vor. Hier hat das Sinn, weil sie's alle leicht sehen und nachmachen können. Beim th halte man im Anfang noch mit 2 Fingern die beiden Lippen auseinander, um deutlich zu machen, dass bei diesem Laut die Lippen nichts zu thun haben, weil das ungeübte Ohr sehr leicht zuerst das th als f auffasst. Bei v und th muss nun ebenso wie bei d und t, b und p, g und k und den Zischlauten, noch auf den schon erwähnten höchst wichtigen Unterschied zwischen stimmhaft und stimmlos aufmerksam gemacht werden, und das ist der Fall, den ich oben meinte mit den Worten, dass eine Erklärung auch eintreten müsse, wo die Art der Bildung eines wirklich wichtigen Lautes zwar nicht gesehen, aber doch deutlich gefühlt werden könne. Man geht nach Breymanns Vorschlag bei der Beschreibung am besten von s aus, indem man zuerst ein scharfes oder stimmloses s vorspricht, dann ein stimmhaftes mit recht deutlichem Summen. Man lässt einen Schüler nachsprechen und ihn dabei den Finger auf den Kehlkopf legen, wobei er bald das leichte Zittern des Fingers beim stimmhaften Laut fühlen wird, was man ihm als Folge des Mittönens der Stimme wie bei den Vokalen erklärt. Da übrigens in Norddeutschland die stimmhaften Konsonanten schon im Deutschen richtig gesprochen werden, so kann man dort auch diese Auseinandersetzungen auf das stimmhafte th und den Zischlaut in „logis" beschränken. Um so grösseres Gewicht muss dagegen in Mittel- und Süddeutschland darauf gelegt werden, und hiebei wird man sehen, dass die schwächeren Schüler an diesen möglichst einfachen und zur Erzielung einer annehmbaren Aussprache unerlässlichen Erläuterungen schon genug zu tragen haben, und wird sie deshalb bei den übrigen Lauten mit allem Überflüssigen verschonen. Dass man nur das Notwendigste aus der Phonetik beim Unterricht verwenden solle, sagen nun zwar die meisten Anhänger der neuen Richtung auch; allein in ihren weiteren Vorschlägen werden sie diesem Satz sofort wieder untreu, und gehen viel zu weit. Mit Recht wird einerseits verlangt, der fremdsprachliche Unterricht müsse sich der Art nähern, wie das Kind seine Muttersprache lernt.[1]) Andererseits aber fordert man eine eingehende Beschreibung der Weise, wie dem Schüler von seiner Kindheit her längst bekannte Laute gebildet werden. Wozu denn diese Umständlichkeit? Warum soll man denn nicht von dem ihm Bekannten und damit als selbstverständlich Gegebenen ausgehen? Ist das nicht geradeso, wie wenn einer, der Knaben in Marsch- und Ordnungsübungen unterweisen soll, statt die denselben infolge der natürlichen Entwicklung verliehene Fähigkeit des Gehens als selbstverständlich vorauszusetzen, damit beginnen wollte, ihnen eine anatomisch genaue Erklärung des Beines und des Fusses zu geben, die zum Gehen dienenden Muskeln aufzuzählen und zu erläutern, wie diese Muskeln überhaupt in Bewegung gesetzt werden? Jeder kann ein i sprechen. Weshalb soll ich mich nun hiebei länger aufhalten, und z. B. nach Vietor, Engl. Schulgrammatik § 1, dem Schüler auseinandersetzen: „am hellsten klingt der Stimmton, wenn die Lippen einen schmalen Spalt bilden, während die Zunge den Vordergaumen fast berührt"? Sich dessen bewusst zu sein, ist ja für den Schüler völlig gleichgültig: die Hauptsache ist, dass er ein i sprechen kann.

---

[1]) Breymann-Möller, a. a. O. Seite 9.

Aber so sind die Menschen: haben sie eine Ansicht, wie hier die von der Wichtigkeit des Lautes als richtig erkannt, so gehen sie gar zu leicht gleich ins Extrem, und so sind wir Deutschen mit unserer Gründlichkeit: da will man nun die armen Schüler, über deren Überbürdung man, nebenbei gesagt, sonst nicht genug klagen kann, so behandeln, als müssten sie lauter Phonetiker von Fach werden. In § 4 sagt Victor: „Verbindet man beim Ertönen des Stimmtons die Zungenstellung des e mit der Lippenstellung des o, so erhält man einen getrübten Vokal, den Laut ö." Dergleichen Erklärungen erscheinen uns Lehrern allerdings einfach genug, allein für den Durchschnittsschüler klingen sie viel zu gelehrt und führen nur dazu, ihm die Sache zu erschweren, statt zu erleichtern. Spreche ich ihm ein richtiges ö vor, so spricht er's ohne Fehler nach. Was braucht er mehr? Auf Seite 32 der schon erwähnten Schrift von Breymann und Möller ist angedeutet, wie man die Lehre von den Konsonanten durchzunehmen habe. Kein Schüler, der nicht schon vorher über die Sache unterrichtet ist, wird von selbst die dort angegebenen Antworten finden; z. B. auf die Frage des Lehrers: Wenn ich den Mund nicht so weit aufmache wie bei a, e etc. sondern ihn wie beim f mehr schliesse, was bildet dann die Mundhöhle? erwidern: Eine Verengung oder eine Enge. Und selbst wenn vorher schon alles erklärt ist, und nur zur Wiederholung solche Fragen gestellt werden, zu welchem praktischen Vorteil kann denn diese Theorie führen, da ja ohnedies jeder ein f aussprechen kann? Verstehen zumal zehnjährige Realschüler, aber auch Gymnasiasten der Mehrzahl nach den Satz des Lehrers: „Ihr habt also jetzt herausgefunden, dass die Konsonanten Geräuschlaute sind, welche dadurch entstehen, dass sich dem aus der Lunge kommenden Luftstrom im Munde Hemmnisse entgegenstellen, indem man entweder einen Verschluss oder eine Enge bildet, durch welch letztere die Luft mit einer Art reibendem Geräusche entströmt"? Und wenn sie ihn verstehen, haben sie irgend einen Nutzen davon? In seiner Schrift über Lautphysiologie (München, Oldenbourg) sagt

Breymann S. 22 in Übereinstimmung mit Trautmann
(S. 19 des eben angeführten Werkchens), man müsse schon
beim Elementarunterricht nicht von den zufällig bekannten
Lauten dieser oder jener Sprache, bezw. Mundart ausgehen,
sondern seine Bestimmungen auf Grund allgemeiner Lautwerte geben. In einem Werk über Phonetik muss man
das allerdings; nun und nimmermehr aber beim Elementarunterricht in der Schule; denn da wäre es ganz unpraktisch.
Indem Breymann obigen Satz auf S. 24 damit zu beweisen
sucht, dass der von bekannten Lauten ausgehende Lehrer
in manchfachen Irrtum verfallen müsse, „da ja oft ein und
dasselbe Wort in verschiedenen Gegenden und Dialekten
einer und derselben Sprache ganz verschieden ausgesprochen
werde", so scheint er mir strenggenommen an dieser Stelle
wohl ganz unbewusst Laut und Buchstabe nicht genügend
auseinander zu halten. Geht nämlich der Lehrer, wie Breymann deutlich genug sagt, bei der Bestimmung der Laute
einer fremden Sprache von ihm bekannten Lauten (nicht
Buchstaben) der Muttersprache aus, so wird er bei den
vielen, in den beiden Sprachen sich deckenden Lauten wohl
kaum irren; denn dann ist der von Breymann weiter
unten angeführte Satz: Sprich franz. a wie deutsches a"
selbstverständlich so viel als: der franz. a-Laut ist gleich
dem deutschen a-Laut (nicht der Buchstabe a wird im
Franz. wie der Buchstabe a im Deutschen gesprochen).[1]
Dieser Satz mag nun wohl „unwissenschaftlich" sein —
wissenschaftliche Phonetik gehört eben nicht in die Schule,
das kann gar nicht oft genug wiederholt werden —, aber
„irreleitend" ist er nicht, sondern sehr praktisch. Selbst
wenn man aber z .B. sagt, a im franz. „pâle" habe denselben
Laut wie im Deutschen „Maler", so könnte das wohl beim
Selbststudium der franz. Sprache allenfalls zum Irrtum
führen, obwohl uns die Briefe von Toussaint-Langen-

---

[1]) Es freut mich, hier ausdrücklich erwähnen zu können, dass auch
Kollega Steuerwald den praktischen Forderungen der Schule soweit Rech-
nung trägt, um S. 6 seiner Lautlehre zu sagen: Die Laute u, a, i sind
genau wie im Deutschen.

scheidt zeigen, dass die beständigen Hinweise auf die hochdeutsche Aussprache der gegebenen Wörter einen aufmerksamen Leser auch hier vor Missverständnissen bewahren können; allein beim Schulunterricht ist überhaupt jede Gefahr ausgeschlossen, da natürlich der Lehrer selbst etwa das Wort Maler als Beispiel für den langen reinen a-Laut vorspricht, und das wird man doch wohl jedem fachmännisch gebildeten Lehrer der neueren Sprachen zutrauen, dass er dabei weder, wie Breymann anführt, „Mäler" noch „Mawler" (engl. aw-Laut) sagen wird.

Die Forderung, allgemeine Lautwerte zum Ausgangspunkt zu nehmen, hat sogar schon dazu geführt, dem unglückseligen Schüler zur Einleitung in den Unterricht ein theoretisches System fast aller überhaupt möglichen Laute vorlegen zu wollen, wie z. B. Trautmann die Darstellung der Laute nicht auf die in der eigenen und in der zu lehrenden fremden Sprache beschränkt.[1]) Für jeden praktischen Schulmann ist der Irrtum, zu dem man auf solche Weise kommt, einleuchtend. Es ist also der allernatürlichste Weg, von den schon bekannten Lauten der Muttersprache auszugehen, etwa in der Weise, wie das in den schon erwähnten Briefen von Toussaint-Langenscheidt geschieht. Ich weiss aus eigener Erfahrung, da ich Englisch nach diesen Briefen gelernt habe, dass man durch dieses stets aus Hochdeutsche anknüpfende Verfahren von den einzelnen Vokallauten und ihrem Verhältnis zu einander einen ganz guten, für die Schule jedenfalls weitaus genügenden Begriff bekommt. Ausführlicher werden wir noch weiter unten darauf zurückkommen. Ferner ist auch gar kein Grund vorhanden, warum man nicht bei der dem Schüler von anderen Sprachen her schon geläufigen Einteilung in Vokale und Konsonanten bleiben soll. Die Nachteile, von denen Breymann[2]) spricht, sind für die Schule durchaus nicht wesentlich. Dass ein Lehrer, welcher nach dem auch

---

[1]) S. Kühn, Zur Methode des französischen Unterrichts. S. 10, Anmerkung.
[2]) Lautphysiologie, Seite 23.

von mir oben aufgestellten Grundsatz verfährt, den Lernenden immer wieder ausdrücklich darauf hinweisen wird, a, e, i etc. seien nur die Schriftzeichen für verschiedene Laute, das versteht sich doch wohl von selbst. Durch solche Hinweise ist aber der Irrtum, „es seien z. B. franz. ai, eu, eau Diphthonge und nicht reine und einfache Vokallaute", von vorneherein ausgeschlossen. Dass ferner „z. B. l oder n bald die Funktion eines Konsonanten, bald die eines Vokales verrichten, also sowohl silbenbildend als nicht silbenbildend verwendet werden kann", das zu wissen, ist für den Schüler völlig überflüssig (aussprechen wird er deshalb doch nicht besser!) und daher ist die Aufstellung einer besonderen Klasse von Mittellauten (Vokalkonsonanten), wie wir sie auch in Vietors englischer Grammatik sehen, ganz und gar unnötig.

Dass man von allgemeinen Lautwerten ausgehen und eine Beschreibung der Entstehung aller, auch der schon aus der Muttersprache bekannten Laute geben solle, begründet Breymann[1]) auch damit, dass in jedem einzelnen Fall die Fehlerquelle aufgedeckt und dem Schüler zum Bewusstsein gebracht werden müsse. Bei den schon oben besprochenen, dem Deutschen fremden Lauten, deren Entstehung leicht erkennbar ist, wie z. B. beim englischen th, lasse ich das gelten; denn da wird es dem Lernenden die Nachbildung des Lautes wirklich erleichtern. Allein ich möchte doch sehr bezweifeln, ob bei den weiter hinten im Mund vorgehenden Bildungen selbst ein phonetisch noch so gut geschulter Lehrer im stande ist, sogleich die Fehlerquelle der oft sehr sonderbaren Laute, die er zu hören bekommt, zu erkennen. Und wenn er sie erkennt, glaubt man denn in der That, dass mit seinen Bemerkungen, wie etwa: den Zungenrücken mehr heben! Zungenspitze weiter zurückziehen! das Gaumensegel senken! und dgl. mehr, jenen Schülern, welchen die Aussprache grosse Schwierigkeiten macht, viel gedient ist? Glaubt man wirklich, dass die

---

[1]) Zur Reform etc. Seite 9,

Schüler, denen man zuerst lautphysiologische Erklärungen gegeben hat, nun „alles richtig hören, was man ihnen vorspricht, klar und ohne weiteres verstehen, wenn man sie korrigiert, dass ihr Auffassen nicht mehr ein unsicheres Ertasten, sondern stets ein bewusstes Zugreifen ist?"[1]) Ist es wahr, dass der Lernende nun stets „mit Sicherheit" den Laut trifft, da er „das Gesetz erkennt" und ihn „in vollem Bewusstsein des Mechanismus" richtig nachspricht?[2]) Ja wenn das alles wirklich so wäre! Dann müsste man allerdings auf diesem Weg bei allen oder wenigstens den meisten Schülern eine ausgezeichnete Aussprache erzielen. Und wirklich spricht Breymann[3]) schon von grossen Erfolgen dieser Methode. Es ist merkwürdig und mir oft aufgefallen, dass die Schüler, wie sie in den Büchern stehen, uns so überaus vortrefflich erscheinen, was uns oft zu den Erfahrungen, die wir in der Schule gemacht haben, gar nicht stimmen will. Es fällt einem dabei unwillkürlich ein, wie die Frauen und Mädchen in Romanen und Gedichten meistens als leibhaftige Engel geschildert werden, während der ruhige Beobachter sie in der nüchternen Wirklichkeit doch nicht allzuhäufig so vorfindet. Ach, dass wir nicht überall solche Schüler haben, wie die, von welchen Breymann sagt, sie hätten wirkliches Interesse für den sonst so trockenen Teil des Unterrichts (die Aussprache) gezeigt, ihr Ohr habe sich zusehends geschärft und ihre Beharrlichkeit habe auch zu sehr guten Ergebnissen geführt! Und weiter rühmt er besonders die durch Dr. Steuerwalds „phonetische Schulung" gebildeten Zöglinge des Münchener Realgymnasiums, die in lautlicher Beziehung ganz vortrefflich ausgebildet zur Hochschule gekommen seien. Ich will nun gar nicht bestreiten, dass jene Studierenden sich sehr zu ihrem Vorteil von den übrigen unterschieden, die von anderen Gymnasien zur

---

[1]) Steuerwald, Lehrbuch der englischen Aussprache, München, Oldenbourg, Vorrede S. VII.

[2]) Schröer, Vgl. Hornemann, Zur Reform etc. S. 53.

[3]) Lautphysiologie, Seite 25.

Universität kamen und deren Aussprache, wie das ja leider hie und da immer noch geschieht, vielleicht gänzlich vernachlässigt worden war. Also ich gebe gerne zu, dass jene relativ sehr gutes leisteten; denn unter Blinden ist ja der Einäugige König; waren sie aber auch wirklich, absolut betrachtet, so sehr hervorragend? Und dann muss doch auch beachtet werden, dass es sich hier wahrscheinlich nur um solche handelt, die sich dem Studium der neueren Sprachen widmen wollten und deshalb natürlich in diesem Fach mehr leisteten, als ihre Mitschüler. Solche bilden aber doch nur einen ganz kleinen Bruchteil der Gesamtschülerzahl. Wie stand es wohl mit der Aussprache der grossen Mehrzahl? Ebenso gut? Ja, dann preise ich Kollega S t e u e r w a l d glücklich wegen seines vorzüglichen Schülermaterials. Grimmiger Neid aber packt mich, wenn ich nun gar lese, was T r a u t m a n n über seine Erfahrungen sagt. Er preist die Lust, den Eifer und die Erfolge der nach seiner Methode geführten Schüler. Diese Methode sei weder umständlich noch zeitraubend. „Ich pflegte", sagt er, „in einer einzigen Stunde, in der ersten zu Anfang des Schulhalbjahres alles abzuthun, was mir nötig schien. Natürlich ruhten alle Bemerkungen, die im Laufe der folgenden Unterrichtsstunden über die Aussprache gemacht wurden, auf dem Grunde des allgemeinen Alphabets und überhaupt dessen, was den Schülern in der ersten Stunde mitgeteilt war." Wunderbare Schüler müssen das in der That gewesen sein! In einer e i n z i g e n Stunde wurden ihnen alle lautphysiologischen Erläuterungen gegeben, das ganze System „des allgemeinen Alphabets" mit all den Erklärungen des Entstehens der einzelnen Laute, und sie verstanden nicht nur alles sofort, sondern, was noch weit mehr sagen will, sie wussten es auch praktisch zu verwerten und ihre Aussprache zeigte sehr schnell die guten Früchte dieses Verfahrens. Ich wiederhole es, wunderbare Schüler! Und ich Unglückseliger muss mich nun bald 10 Jahre lang mit jungen Leuten abquälen, die nie, auch nur im entferntesten sich zu solcher Höhe erhoben. Einen Versuch muss ich übrigens doch einmal machen, Trautmanns Rat zu folgen und den einstündigen Vortrag nach seinem Beispiel zu halten. Ich sehe schon im Geist, wie verständnisinnig mich dabei die meisten Schüler anschauen werden. Was habe ich denn verschuldet, dass mich allein solcher Fluch trifft? Doch nein, ganz allein stehe ich, wie es scheint, nicht; denn ich erinnere mich mancher Fälle, wo ein Zögling von einer anderen Anstalt an die meinige übertrat und im Französischen eine ganz gute Note mitbrachte, und siehe da: sowohl in der Aussprache, wie in seinen sonstigen Kenntnissen zeigte er sich noch schlechter als die Mehrzahl meiner Schüler. Also habe ich doch wenigstens noch Leidensgefährten! Vielleicht stimmen diese sogar mit mir überein, wenn ich meine Ansicht über Trautmanns Worte dahin zusammenfasse: Das ist Theorie des Universitätsprofessors; aber nicht Praxis des erfahrenen Schulmannes![1]

Doch vielleicht ist an den mir selbst stets ungenügend erscheinenden Ergebnissen meines Unterrichts unter anderm auch die geringe Beachtung schuld, welche ich zwei von Hornemann[2] ausführlich besprochenen Punkten schenkte, ich meine „die Indifferenzlage der Sprachorgane (oder Artikulationsbasis) und das Knackgeräusch." Erstere gehört

---

[1] Den Ausspruch Trautmanns führt auch Fleischmann an in einer Besprechung der Breymann'schen Schrift „Ueber Lautphysiologie." (Blätter f. d. bayer. Gym.-Schulw., XXI, 5, Seite 254) und sucht dadurch die mit vollem Recht gestellte Forderung Breymanns, vor allem an den bayer. Studienanstalten die franz. Stunden zu vermehren, als überflüssig nachzuweisen, da es ja nach Trautmanns eigenen Worten keines „ausserordentlichen Zeitaufwandes" bedürfe, „wenn anders dessen Erfahrungen zu recht bestehen." Der Sachverständige weiss nun sehr wohl, dass dies, wie ich oben ausgeführt habe, nicht der Fall ist, und es fällt also diese ganze Beweisführung in sich zusammen. Ich habe an einer anderen Stelle der bayerischen Gymnasialblätter die dringende Notwendigkeit, dem franz. Unterricht mehr Stunden einzuräumen betont; aber es muss immer und immer wieder gesagt werden, dass es in Bayern bei der völlig ungenügenden Zahl von 8 Wochenstunden (in allen Klassen zusammen) der bedeutend vermehrten Stundenzahl der andern deutschen Staaten gegenüber (in Preussen 21!) auf die Dauer unmöglich bleiben kann!

[2] Zur Reform, S. 58 u. f.

nach Hornemann ganz an den Anfang des Unterrichts, bevor noch Wörter oder Sätze gesprochen werden, und ist von unendlicher Wichtigkeit; denn, sagt er, „haben die Schüler gelernt, die Zunge in die richtige Indifferenzlage zu bringen, dann ergeben sich die meisten eigentümlichen Laute des Französischen auf einmal wie von selbst." Das klingt so verlockend, dass gewiss jeder alles aufbieten wird, diesen Wunderschlüssel zu allen Lauten den Lernenden mitzuteilen. Aber wie hat man dabei zu verfahren? Nun, man erklärt, dass, „während bei uns die Zunge meist beinahe ausgestreckt in der Mundhöhle schwebt, sie z. B. im Französischen zu vorgeschobener enger und bestimmter Artikulation neigt, und dass die Lippen, wo sie bei der Bildung der Vokale vorkommen, kräftiger in Thätigkeit gesetzt werden müssen wie bei uns. Man kann, sagt Hornemann weiter, die Indifferenzlage der Zunge leicht mit einigen Strichen an der Wandtafel klar machen." Und darnach können die Schüler wirklich ihre Zunge in diese Lage bringen, so dass sich dann in der That alles Weitere von selbst ergibt? Das müssen wieder Schüler von der ausgezeichneten Art sein, die wir oben besprochen haben! Wie soll man sich eigentlich diese Übungen in der Zungenstellung, „bevor noch Wörter und Sätze gesprochen werden", vorstellen? Und geübt müsste das doch werden; denn Hornemann spricht ja davon, dass die Schüler es lernen müssen. Wie soll der Lehrer diese sonderbaren Zungenübungen ohne Wörter leiten und überwachen? Kann er hiebei am Ende auch jedem die Fehlerquelle aufdecken? Man beachte, was Vietor[1]) über die Schwierigkeit der Bestimmung der Artikulationsbasis mit den Worten sagt: „Eine allgemeine deutsche Artikulationsbasis ist freilich nur eine fast bedenkliche Abstraktion, da die Mundarten auch in dieser Hinsicht bedeutend von einander abweichen, und Aehnliches gilt auch vom Englischen und Französischen." Und trotz dieser Schwierigkeit und „Bedenklichkeit" will man nun die

---

[1]) Phonetik, Seite 183.

Schüler damit belasten und bildet sich ein, dass das praktisch ihnen etwas hilft? Haben denn nicht schon viele Menschen ganz annehmbar englisch oder französisch sprechen lernen, ohne das mindeste von der Indifferenzlage zu wissen? Und dann das „Knackgeräusch!" Wie äusserst geschmackvoll klingt schon der Name! Wahrhaftig, ich fürchte, wenn der Lehrer anfinge, seinen Vortrag über das „Knackgeräusch" zu halten, so würde schon dieser Name allein genügen, gar manchen Schüler aus seiner gewöhnlichen „Indifferenzlage" aufzurütteln und zu recht störender Heiterkeit zu veranlassen. Hornemann findet selbst, dass die Auseinandersetzung des Knackgeräusches, „welches durch plötzliches Öffnen der Stimmritze vor jedem Vokallaute im Deutschen gebildet wird, im Französischen dagegen fehlt, wodurch die sogenannte Bindung ermöglicht wird" für den Schüler etwas „kompliziert" ist. Ist es denn nicht weit einfacher und nützlicher, wie auch Breymann[1]) empfiehlt, ihm durch Vorsprechen eines Sätzchens, z. B. il a eu une amie, deutlich zu machen, dass diese Worte ohne Unterbrechung der Stimme zusammenzusprechen sind, und zwar nicht blos il a, wo das erste Wort auf einen Konsonanten endigt, sondern ebenso auch a eu, ohne dazwischen abzusetzen. Dadurch, dass man neben dieser richtigen Aussprache auch mit Absetzen zwischen jedem Wort: il | a | eu | une | amie vorspricht, wird dieser Unterschied jedem leicht verständlich werden. Die ganze Theorie des Knackgeräusches kann aber dann wegbleiben. Wollen wir Lehrer doch einmal aufrichtig gestehen, haben wir selbst früher uns um die Theorie der Indifferenzlage und des Knackgeräusches gekümmert? Wir haben ja gewiss bemerkt, was auch Vietor erwähnt, dass es unbequem ist, und dass man gleichsam den Mund anders stellen muss, wenn man unmittelbar nacheinander Englisch und dann Französisch vorliest; wir haben uns auch stets bestrebt, beim Lesen und Sprechen des Französischen die Bindung zu beachten, aber theoretisch lag uns die Sache

---

[1]) Französische Elementargrammatik, Seite 4.

fern, und es ist sicher keinem eingefallen, sich mit Hilfe von Abbildungen auf die Indifferenzlage einzuüben. Praktisch scheint das jedoch nicht zu einem so sehr fühlbaren Mangel geführt zu haben; denn sonst wäre es gewiss Pflicht einer gestrengen Kommission gewesen, uns bei der Staatsprüfung darauf aufmerksam zu machen. Und nachdem wir selbst das Notwendige in diesen Punkten nur durch Übung uns angeeignet haben, sollen wir die jungen Leute viel mit der Theorie quälen?

Man bedenke doch, dass man durch all die besprochene Theorie in der Aussprachelehre in denselben Fehler verfällt, den man der bisherigen Methode des grammatischen Unterrichts mit Recht vorwirft, den Fehler nämlich, der Vollständigkeit wegen eine Menge von Einzelheiten zu lehren, die wohl für den künftigen Philologen wissenswert sind, die aber die grosse Masse der übrigen Schüler nicht braucht, und anstatt die Lernenden in die Sache selbst einzuführen, sie mit langen, praktisch nur selten zu verwertenden Erklärungen zu belasten. Wie köstlich schildert das unter dem Titel: „Der Sprachunterricht muss umkehren" bei Henninger in Heilbronn erschienene Schriftchen diese Methode, indem es sie mit der eines Tischlers vergleicht, welcher die Unterweisung seines Lehrjungen damit beginnen würde, ihm Schnitzel der verschiedenen Holzarten vorzulegen und sie nach Schwere, Farbe, Härte u. s. w. genau einzuteilen, dann ihm die Werkzeuge theoretisch nach ihrer Zusammensetzung und Verwendung in verschiedenen Haupt- und Unterabteilungen vorzuführen, „bis er sie alle fertig an den Fingern herzählen könnte, und zwar wohlgemerkt, ohne selbst jemals einen Schnitt mit dem Messer gethan, ein Loch mit dem Bohrer gebohrt zu haben." Nun, kommt eine theoretische Aufzählung der Sprachwerkzeuge, eine auch bei den einfachsten, den Schülern längst aus der Muttersprache geläufigen Lauten ausführlich gegebene Beschreibung ihrer Verwendung dem Verfahren dieses Tischlers nicht sehr nahe? Die Gefühle des Schülers werden hiebei aber gewiss wie die des Lehrjungen sein: Mir wird von alledem so dumm, als ging mir ein Mühlrad im Kopf herum! Also fort aus der Schule mit all den gelehrten Bezeichnungen: Indifferenzlage und Knackgeräusch, Klangfarbe, Verschluss- und Reibelaute, momentane und Dauerlaute, fort mit dem Vokaldreieck und dem Konsonantenschema. All das gehört in ein wissenschaftliches Werk über Phonetik; der Lehrer soll sich damit vertraut gemacht haben; aber für die Schüler ist's zum grossen Teil unverständlich, vor allem aber unpraktisch und deshalb nicht nur überflüssig, sondern sogar schädlich.

Am lautesten aber möchte ich ferner den Ruf erheben: **Fort aus den Schulbüchern mit der phonetischen Schrift**, obwohl Hornemann behauptet, dass alle Anhänger der gegenwärtigen Reformtendenzen übereinstimmend für Einführung derselben sind. Alle für sie gegebenen Gründe können die schweren Bedenken gegen sie nicht heben, und die grossen Gefahren der phonetischen Schrift für den Schüler werden durch die Mittel nicht beseitigt, welche deren Anhänger im richtigen Gefühl der Bedenklichkeit der Sache vorschlagen;[1] denn mag man sagen, was man will, es bleibt dabei, dass die Lernenden, statt wie bisher **eine** Schrift, die ihnen schon Schwierigkeiten genug macht, in Zukunft **zwei** sich aneignen sollen. Und welche unnatürlichen verzerrten Wortbilder werden ihnen in der phonetischen Schrift vorgelegt! Jedes Buch hat wieder seine besonderen Lautzeichen, ein Punkt, der auch sehr gegen die ganze Sache spricht; denn kommt ein Schüler an eine andere Anstalt mit ihm bisher fremden Lehrbüchern, so findet er sich gar nicht mehr zurecht. Man betrachte folgende Beispiele: (ße. kọ. frë. rȯ) = ses confrères, (il ėte. pre. dȯ murır) = il était près de mourir [bei Hornemann]; (sᵘaⁱȯ) = soyons, (švo) = chevaux, (lë-zātizȯm) = les gen-

---

[1] Vergl. Hornemann a. a. O. S. 56. Schäfer, d. vermittelnde Methode, Berlin Winckelmann, S. 10 und f. Die in letzterem Werkchen von Schäfer zu Gunsten d. phonetischen Schrift angeführten Worte beziehen sich mit nichten auf die Lautschrift, sondern handeln nur von der Lautsprache.

tilshommes, (ēpératris) = impératrice [bei Kühn]: (fŏr kŏ́n-
š. ns se͡ik) = for conscience' sake, (džūlĭŏs sī'z.r) = Julius
Caesar [bei Vietor, El. Gr.) Wozu diese Hieroglyphen?
Sehen wir, wie uns Hornemann die erste Stunde schildert.
Er fängt gleich mit einer kleinen Erzählung an. Der Lehrer
spricht bei geschlossenen Büchern die einzelnen Wörter
und Satzteile langsam vor, erklärt die darin vorkommenden
Laute und schreibt sie dann in phonetischer Schrift an die
Tafel. Nachdem die Schüler die einzelnen Wörter öfters
lautiert, nachgesprochen und nach Vorgang des Lehrers
ins Deutsche übersetzt haben, wird die phonetische Schreibung
ausgewischt, und die Worte werden orthographisch ange-
schrieben. Es wird mir jeder erfahrene Schulmann zugeben,
dass nun eine Verwechslung und Vermengung der beiden
Schriften, der phonetischen und der orthographischen, zumal bei den schwächeren Schülern eintreten muss. Zur
Befolgung des auch von mir aufgestellten ersten Grund-
satzes der grösseren Rücksichtnahme auf den Laut braucht
man aber die phonetische Schrift mit all ihren Gefahren
nicht. Durch gehörige Übung im Lautieren, freilich nicht
gleich an ganzen Sätzen, wird man es bald soweit bringen,
dass dem geistigen Auge des Schülers das richtige Lautbild vorschwebt, und er sich von den einzelnen Lauten eine
hinreichend genaue Vorstellung macht, sein sinnliches
Auge soll und darf durch kein anderes Wortbild von der
einmal gültigen Orthographie abgelenkt werden. Nehmen
wir noch ein Beispiel aus Vietors englischer Grammatik,
welches uns die Gefahren der phonetischen Schrift und zugleich die einer Übertreibung und falschen Anwendung des
an sich richtigen Satzes, die Formenlehre müsse auf den
Laut begründet werden, recht deutlich vor Augen führt.
Dort lesen wir Seite 8:

„Die regelmässige Pluralbildung ist die durch Anfügung

a) der Silbe ez nach Zischlauten (z, s, ‚ž š),

b) des Lautes z nach anderen tönenden Lauten,
als z und ž

c) des Lautes s nach anderen tonlosen Lauten, als s und š

Geschrieben wird es für ez, s für z und s.-

Zu welch umständlicher, verwirrender Fassung der Regel ist hier Vietor blos aus Liebe zum Princip gekommen! Ist denn die Regel in dieser Form etwa eine Erleichterung für die Schüler? Wie überaus einfach lautet sie dagegen in der herkömmlichen Form: der Plural wird gebildet durch Anhängung von s, nach Zischlauten von es. Auch bei dieser Fassung kann man sehr wohl vom Laut ausgehen und zeigen, wie der s-Laut, welcher den Plural vom Singular unterscheidet, selbstverständlich nach stimmhaften Konsonanten stimmhaft, nach stimmlosen aber selbst stimmlos sein muss. Das ist so ganz natürlich, dass der in diesen Unterschieden überhaupt schon geübte Schüler es sofort begreifen wird. Dass aber nach Zischlauten noch ein kurzes i vor dem stimmhaften s zu sprechen (in der Schrift also „es" anzufügen) ist, das erkläre man ihm damit, dass ja sonst beim Sprechen der Plural nicht vom Singular zu unterscheiden wäre, da man 2 Zischlaute, wie überhaupt 2 Laute derselben Art, ohne dazwischentretenden Vokal nicht aussprechen kann, wobei man auf ähnliche Erscheinungen im Deutschen hinweise, z. B. den Genitiv Hansens (zu dem Vokal tritt hier noch ein n), oder beim Verbum: „singst" (mit ausgefallenem e), dagegen „preisest, priesest" und für andere Laute: „singt, trennt"; aber „findet, redet.- Das nenne ich dann eine vernünftige Begründung der Formen auf den Laut. Interessant ist es übrigens, zu sehen, wie Vietor später bei der Steigerung selbst seinem Grundsatz untreu wird und bei seiner Regel von der Schrift ausgeht, indem er sagt: „Der Komparativ wird gebildet durch Anfügung von er [.r]. (Letzteres ist nämlich die von ihm gebrauchte phonetische Bezeichnung der Silbe er.)

Eine phonetische Umschrift sei, sagt man ferner, durchgehend in der Grammatik und im Glossar des Lesebuchs den Wörtern beizufügen, damit der Lernende bei seiner häuslichen Thätigkeit nicht ratlos ist. Wozu das in der

Grammatik und bei allen Wörtern, deren Aussprache nichts Unregelmässiges bietet, nötig sein soll, vermag ich nicht einzusehen. So bezeichnet z. B. Hornemann bei dem Paradigma der Verben auf — ir, S. 82 die einfachen, lautlich gewiss gar keine Schwierigkeiten machenden Endungen — ons, — ez, — ent immer wieder von neuem mit (o.), (e·) und (ö). In ähnlicher Weise gibt auch Kühn in seiner Grammatik wiederholt die phonetische Umschrift in ganz selbstverständlichen Fällen. Das ist aber doch vollkommen überflüssig und die reine Eselsbrücke für solche Schüler, welche die Lautschrift überhaupt verstehen und sie von der orthographischen unterscheiden können. Für die schwächeren aber, denen dies nicht immer gelingt, ist es eine Veranlassung zu beständigen Verwechselungen. Bei Wörtern, deren Aussprache von dem sonst Gewöhnlichen Abweichendes zeigt, wie besonders häufig im Englischen, ist es allerdings zu empfehlen, dem Schüler Anhaltspunkte zu geben, welche ihn zu Hause an den richtigen, in der Schule gehörten Laut erinnern sollen; denn wenn auch beim Anfangsunterricht natürlich jedes aufzugebende Wort zuerst genau in der Schule einzuüben ist, so kann man doch nicht von allen Schülern verlangen, dass sie besondere Unregelmässigkeiten sofort behalten sollen. Dergleichen Anhaltspunkte gebe man aber, nicht indem man das ganze Wort in phonetischer Umschrift wiederholt, sondern das besonders Beachtenswerte in abgekürzter Form und mit deutschen Buchstaben zwischen Klammern dazuschreiben lässt, wobei man für Länge und Kürze die bekannten Zeichen verwenden kann. Nur die betonte Silbe wird im Englischen am Worte selbst bezeichnet, also z. B. great (ea = ē geschl. [1]), weather (ea = ĕ geschl., th sth [2]), mul'titude (hier ist nur der Ton anzugeben), bus'iness (u = ĭ, s sth., i stumm.) Wenn das auch in manchen Fällen ein wenig umständlicher erscheint, als die Lautschrift, so ist es doch dieser weit vorzuziehen,

---

[1] geschlossen.
[2] stimmhaft, ebenso stl. = stimmlos.

weil es dem Lernenden kein falsches Wortbild gibt. Auf diese Weise wird wirklich erreicht, dass „der Schüler nicht der Gefahr ausgesetzt wird, das fremde Wort erst in falscher Gestalt in sich aufzunehmen, um dann mit vieler Mühe zur richtigen zu gelangen." Mit Unrecht dagegen sagt Kühn diese Worte von der phonetischen Schrift; denn hier droht erst recht diese Gefahr, da die Lernenden in dem Augenblick, wo sie das Lautbild aussprechen wollen, nur allzu leicht die einzelnen Zeichen wieder mit den orthographischen vermengen und so gerade falsche Laute sich einprägen. Beispielsweise werden viele, wenn sie nach der obenerwähnten Bezeichnung bei Hornemann mourir (murīr) oder bei Schäfer amour (a-mur) vor sich haben, statt des u-Lautes der beiden Wörter den ü-Laut hören lassen, weil sie sonst beim Lesen gewohnt sind, frzs. u = ü zu sprechen. Oft genug habe ich ähnliche Erfahrungen mit der Aussprachebezeichnung gemacht, zu der sich auch Plötz hie und da in den Wörterverzeichnissen verleiten liess, und jeder, der seine Pappenheimer kennt, wird mir hierin beistimmen. So wird also durch die phonetische Schrift weder Sicherheit in der Orthographie, noch Richtigkeit im Laut erzielt, und deshalb ist sie nach beiden Richtungen hin verfehlt. Sie hat ihre Berechtigung in einem Werk über Phonetik und in Büchern zum Selbststudium, wie in den Toussaint-Langenscheidt'schen Briefen (übrigens auch da nur für ganz aufmerksame und gewissenhafte Leser); sonst aber kommt sie mir vor wie eine gelehrte Spielerei, die in der Schule nur Unheil stiften kann.

Ich habe vorhin erwähnt, dass Hornemann den Unterricht sofort mit einer zusammenhängenden Erzählung beginnen lässt. Das thun auch andere, wie Klotzsch, Löwe, Schäfer und Kühn, der letztere jedoch erst, nachdem eine Übersicht und Einübung der einzelnen Laute vorausgegangen ist. Bei Schäfer finden wir eine eigens zum Zweck der Einübung der verschiedenen Laute zusammengestellte Erzählung, die, obwohl mit grossem Geschick bearbeitet, doch immerhin den Eindruck des Künstlichen

macht. Sehr auffallend ist es, dass Schäfer[1]) auf die
Kenntnis des Inhalts der Sätze gar kein Gewicht legt,
sondern verlangt, „der Schüler solle hierbei gerade seine
ganze Aufmerksamkeit auf die Aussprache konzentrieren."
Ich meine doch, wie Papageien oder Staren sollten wir
unsere Schüler nicht abrichten. Was nun überhaupt die
Frage betrifft, ob man gleich mit einer Erzählung anfangen
solle, so glaube ich, dass wir auch hier wieder die Übertreibung einer an sich berechtigten Forderung haben, derjenigen nämlich, dass der Lesestoff, das zusammenhängende
Stück, mehr zum Mittelpunkt des Unterrichts gemacht werden
müsse. Ist denn etwa damit gesagt, dass man nun gleich
von vorneherein diesem Grundsatz folgen solle? Durch vieles
Lesen, nicht durch grammatische Übungen, hat nach seiner
eigenen Aussage auch der berühmte Schliemann Griechisch
gelernt, aber wohlgemerkt, nachdem er sich das Allerwichtigste aus der Formenlehre erst eingeprägt hatte; und hierin
hat er uns gewiss den besten und natürlichsten Weg der
Spracherlernung gezeigt. Gleich im Anfang dem Schüler,
der noch gar nichts von der Sprache weiss, ein zusammenhängendes Stück zu geben, das bereitet ihm nur eine Vermehrung der Schwierigkeiten, mit denen er ohnedies schon
zu kämpfen hat, mag auch das Stück an und für sich noch
so einfach sein. Die Fülle von fremden Formen und Wörtern
muss ihn notwendig verwirren, und zwar nicht blos in Bezug auf Bedeutung und Inhalt, sondern ganz besonders
auch in lautlicher Hinsicht. Wenn Schäfer als Grund
für die Einübung der Aussprache an ganzen Sätzen angibt[2]), „dass einzelne Wörter nur innerhalb eines Satzes
ihre natürliche Aussprache finden," so sagt dagegen Breymann[3]) mit Recht, dass es ein Irrtum sei, zu glauben,
„jeder Laut trete erst im Satze in seiner charakteristischen
Färbung deutlich hervor." Und in der That müssen auch

---

[1]) Vermittelnde Methode, S. 10.
[2]) a. a. O. S. 9.
[3]) Zur Reform, S. 37.

diejenigen, welche gleich mit zusammenhängender Lektüre anfangen wollen, wie dies Hornemann Seite 62 zugesteht, den Satz doch in seine Teile zerlegen und „mit Trennung der Worte" vorsprechen; denn wie sollte auch irgend ein Schüler imstande sein, einen Satz oder Satzteil der ihm zusammenhängend vorgesprochen wird, lautlich zu analysieren und nachzusprechen? Thatsächlich haben wir also auch bei dieser Methode eine Einübung der Laute an einzelnen Wörtern, und eine andere Art ist überhaupt gar nicht denkbar. Das Zusammensprechen der Wörter, die Bindung, soll nicht gleich in der ersten Stunde gelehrt werden; denn das wäre zu viel Neues auf einmal. Daher lässt Breymann in seinem Übungsbuch die Laute an einzelnen Wörtern lernen. Doch ein Begriff muss bei dem Worte sein, und nicht mit Unrecht tadelt auch Hornemann[1]), dass durch diese abgerissenen Wörter, deren Bedeutung nicht einmal mitgeteilt wird, das Interesse der Schüler zu wenig geweckt werde. Aus diesem Grunde möchte ich vorschlagen, behufs Einübung der Laute hauptsächlich Namen aus der Geographie, hie und da auch aus der Geschichte und Literatur zu verwenden, was ich im Französischen schon seit Jahren thue. Ich kann nun allerdings nicht von wunderbaren Erfolgen dieses Verfahrens sprechen, da ich leider nie so vorzügliche Schüler, wie sie oben besprochen wurden, gehabt habe, welche der Methode des Lehrers zuliebe ganz Besonderes leisten. Deshalb bin ich weit davon entfernt, diesen Weg als den allein richtigen, sicheren Erfolg verbürgenden hinzustellen; es führen ja viele Wege nicht nur nach Rom, sondern auch nach Paris und London; allein ich meine, dass der hier vorgeschlagene Weg doch gar manches für sich hat. Vor allem wird dabei vielfach an Bekanntes angeknüpft und damit ein wichtiger Grundsatz der Pädagogik befolgt. Besonders gilt das für unsere bayerischen humanistischen und Realgymnasien, da an diesen der neusprachliche Unterricht erst beginnt, nachdem die Geographie der

---

[1]) a. a. O. Seite 53.

in Betracht kommenden Länder schon in der Schule durchgenommen worden ist. Wie es in der Beziehung mit den Lehrplänen der ausserbayerischen Schulen steht, weiss ich nicht. Allein ich glaube, dass sich, selbst wenn die Schüler früher in der Geographiestunde diese Länder noch nicht „gehabt" haben, doch sehr viele Anknüpfungspunkte finden lassen. Ganz abgesehen von den Hauptstädten, welcher deutsche Knabe hat nicht schon von Sedan und anderen durch den Krieg 1870/71 berühmten Orten gehört, wie Gravelotte, Orléans, St.-Quentin, Versailles u.s.w.; wem sollten Personen unbekannt sein, wie Napoléon Bonaparte, Bazaine? Oder um auch aus der Zusammenstellung der englischen Musterwörter Beispiele anzuführen, haben nicht gewiss viele schon Dover, den Tower, den Prinzen von Wales, einen Shakespeare oder Walter Scott, vielleicht auch einen Newton nennen hören, und ist nicht gewiss allen Robinson Crusoe vollständig geläufig? Auch die Bekanntschaft mit materiellen Dingen lässt sich verwerten. Sehr viele kennen gewiss, wenigstens dem Namen nach, den Champagner, viele besonders in grösseren Städten, haben schon vom Bordeaux-Médoc, manche wohl auch vom Burton Ale gehört. Und so lässt sich gewiss auf den verschiedensten Gebieten bei vielen Namen an Bekanntes anknüpfen, besonders auch bei manchen Ortsnamen an ein wichtiges geschichtliches Ereignis erinnern (z. B. Verdun, Hastings u. s. w.,) wobei es durchaus nicht nötig ist, dass die Schüler alles schon nach dem regelmässigen Lehrgang gerade in der Schule „gehabt" haben. Was sie noch nicht wussten, das erfahren sie eben jetzt. Ist es, was die vorwiegend der Geographie entnommenen Namen betrifft, denn nicht ganz natürlich, dass man sich die Länder etwas genauer betrachtet, deren Sprache man lernen will? Der Lehrer lasse dabei von jedem den Atlas mitbringen und immer einen Schüler an die Wandkarte hinaustreten. Der Atlas wird aufgeschlagen, alle anderen Bücher sind geschlossen. Die Schüler sehen zunächst den Lehrer an, welcher zuerst etwa in der von Schäfer[1]

---

[1] a. a. O. Seite 19.

angegebenen Art kurz auf den Unterschied zwischen Laut und Buchstabe hinweist und dann langsam und deutlich einen Namen vorspricht. Dieser Name wird zunächst von Einzelnen nachgesprochen, dann haben sie genau anzugeben, welche Laute man dabei hört, z. B. Cannes: f-Laut, kurzes a, n-Laut, darauf wird der Name auf der Karte gesucht, bei unbekannteren Namen vom Lehrer gezeigt, oder sofern er gar nicht angegeben wäre, eingetragen, dann buchstabiert (zunächst mit der dem Schüler geläufigen deutschen Benennung der Buchstaben¹) und an die **Tafel** geschrieben, wobei stets der Unterschied zwischen Laut und Schrift hervorzuheben ist. Bemerkungen und ganz einfach gehaltene Erläuterungen über offene und geschlossene Vokale, stimmhafte und stimmlose Konsonanten werden, je nachdem die betreffenden Namen dies erfordern, gegeben. Erst wenn eine Reihe von Namen an der Tafel steht, werden die Hefte aufgeschlagen und die durchgenommenen Wörter auch aus dem Heft mehrmals vorgelesen und so lange wiederholt, bis möglichst alle Schüler Gelegenheit gehabt haben, die einzelnen Laute selbst nachzusprechen. In der nächsten Stunde wird dann, und zwar immer mit der Karte, alles genau repetiert und dann erst weitergefahren. Sind nach längerer Zeit (man gehe ja nicht zu rasch vor!) alle Musterwörter sorgfältigst eingeübt, so mache man den Versuch, die Wiederholungen durch Frage und Antwort in französischer, bezw. englischer Sprache vorzunehmen, wobei die Schüler immer mehr in der richtigen Auffassung und Nachahmung der Laute geübt werden. Mit den besseren Schülern wird man gewiss diese Versuche anstellen können, und sie werden bald imstande sein, ganz einfach gehaltene Fragen zu verstehen und zu beantworten. Man nehme zunächst die als Beispiele gegebenen Fragen und Antworten, später andere nach freier Wahl in der Schule durch, wobei man

---

²) Später scheint es mir empfehlenswert, das Alphabet lernen und von da an die Buchstaben nur nach der in der betreffenden Sprache üblichen Weise nennen zu lassen. Nach öfterer Uebung finden sich die Schüler leicht in diese Art des Buchstabierens.

die Bedeutung der noch nicht bekannten Wörter mitteilt. Die darauffolgende Zusammenstellung solcher Wörter, von denen man immer die in der Schule schon vorgekommenen anstreichen lässt, dient zur Einprägung oder Wiederholung zu Hause. Man wird sehen, wie bei diesen Uebungen die Aufmerksamkeit und Teilnahme der Schüler rege gemacht werden. Wer jedoch derartige Versuche einstweilen für zu schwierig hält, der versäume es wenigstens nicht, die zum Schluss der Zusammenstellung der Musterwörter abgedruckten zwei Gedichte lernen zu lassen, die wegen der Einfachheit der darin vorkommenden Formen keine erheblichen Schwierigkeiten machen werden und die beste Gelegenheit geben, auch Worte im Zusammenhang lesen und sprechen zu lernen. Auf die beiden Gedichte komme man später immer wieder zurück, indem man sie, so oft einige Minuten zur Verfügung sind, stets wieder hersagen lässt; auch unterlasse man nicht, die Musterwörter in Form von Fragen und Antworten, die später, wenn die Kenntnisse der Lernenden sich sowohl sprachlich als sachlich erweitert haben, eingehender und gründlicher werden müssen, immer von neuem durchzunehmen. Dieselben geben auf solche Weise ganz passenden Stoff zu Sprechübungen, und es ist gerade ein Hauptvorzug dieses Verfahrens, dass so der früher gelegte Grund immer mehr befestigt, und die hauptsächlichsten Laute immer besser eingeprägt werden können. Einiges Nähere über die Einübung der Musterwörter soll weiter unten noch besprochen werden.

Schäfer führt einen sehr beherzigenswerten Ausspruch des Professors Gutersohn an[1], der unter anderem sagt: „Es wäre im höchsten Grade zu bedauern, wenn der Sprachunterricht und, wie es fast den Anschein hat, ein Teil der modernen Sprachforschung nach und nach ganz in Lautphysiologie und Lautlehre stecken bliebe. Hoffentlich erwehren sich namentlich die praktischen Schulmänner noch beizeiten dieses traurigen Formalismus." Ein kleiner Beitrag zu dieser

---

[1] a. a. O. Seite 6.

Abwehr soll auch die vorliegende Abhandlung sein. Ausserdem aber verfolgt sie noch einen Zweck. Mögen die Herren Phonetiker und ihre unbedingten Anhänger noch so sehr von der Vortrefflichkeit ihrer neuen Lehre überzeugt sein und behaupten, die Welt sträube sich nur dagegen, weil sie eben die Finsternis mehr liebe als das Licht, man braucht gerade kein Prophet zu sein, um vorher sagen zu können, dass ihre Methode nicht allgemein eingeführt, und wo man überhaupt einen Versuch damit macht, gar bald wieder aufgegeben werden wird. Allein es wäre unrecht und zu beklagen, wenn man nun, weil von einer Seite viel zu weitgehende, unpraktische und auf die Dauer völlig unhaltbare Forderungen aufgestellt werden, an der früheren Gleichgültigkeit gegen alle lautlichen Dinge festhalten oder zu ihr zurückkehren wollte. Meine Absicht ist daher, nicht nur vor den Uebertreibungen der gelehrten Phonetiker zu warnen, sondern alle diejenigen, welche bisher durch deren masslose Forderungen abgeschreckt, gar nichts von Lautlehre wissen wollten, für den guten Kern der Sache, für das eigentlich und wirklich Wesentliche zu gewinnen. Um den neusprachlichen Unterricht auf die Stufe zu heben, die allein einer höheren Schule würdig ist, bedarf es freilich vor allem, wie schon erwähnt, an unseren bayrischen Gymnasien einer Vermehrung der Lehrstunden; denn wenn die Zeit so kurz zugemessen ist wie jetzt, kann auch der eifrigste Lehrer mit der besten Methode keinen Erfolg haben. Ist aber eine genügende Stundenzahl vorhanden, so lässt sich wohl Befriedigendes leisten, wenn man etwa nach folgenden Gesichtspunkten verfährt. Man übe die hauptsächlichen Laute praktisch, aber doch gründlich; man gehe überall da, wo es dem Schüler wirklich eine Erleichterung, ein besseres Verständnis verschafft, vom Laut und nicht vom Buchstaben aus und merke beständig auf möglichst gute Aussprache, ohne viel lautphysiologische Theorie; ferner werde — wie das auch Breymann in Uebereinstimmung mit anderen, wie Perthes, Kühn u. s. w. in der Einleitung zu seiner Elementargrammatik in trefflicher Weise sagt — sobald es irgend geht, die zusammenhängende Lektüre in den Mittelpunkt des Unterrichts gestellt, und der Schüler angehalten, aus den ihm vorliegenden Stücken, unter Anleitung des Lehrers, durch Beobachtung und Vergleichung zwischen der fremden und der Muttersprache die wichtigsten Spracherscheinungen, d. h. Regeln, selbst zu finden, statt sie gedankenlos aus der Grammatik zu lernen, wobei man, wo es nur immer möglich ist, auch auf den Grund der einzelnen Wendungen aufmerksam mache, jedoch den grammatischen Unterricht, ohne deshalb oberflächlich zu werden, auf das wirklich Notwendige beschränke und den ganzen Wust von Einzelheiten, die der Schüler später doch nie mehr braucht, weglasse, — kurz das Hauptziel sei nicht das mechanische Einpauken möglichst vieler Regeln, sondern die Anleitung zum richtigen Beobachten und Denken! — und zwar gelten letztere Punkte nicht etwa nur für neuere Sprachen, sondern ebenso sehr für Lateinisch und Griechisch. — Bei solchem Verfahren wird dann hoffentlich eine Zeit kommen, wo man, die am Anfang dieser Abhandlung angeführten Worte Schillers vervollständigend, vom gesamten Sprachunterricht sagen kann:

Und neues Leben blüht aus den Ruinen!

Bemerkungen

zu den in den Beilagen zusammengestellten Musterwörtern.[1)]

Was die Anordnung der Laute betrifft, so wurde dabei nur von dem Gesichtspunkt ausgegangen, möglichst zu vermeiden, dass Namen mit Lauten oder Bezeichnungen von Lauten vorkommen, die noch nicht besprochen worden sind. Nur aus diesem praktischen Grund ist im französischen Teil mit dem a-Laut, im englischen mit dem e-Laut begonnen worden. Wer ein besonderes Gewicht darauf legt, den Schülern auch mitzuteilen, welches die Reihenfolge der Vokallaute nach ihrer Entstehung ist, der kann ja leicht, wenn die Beispiele für die Vokale durchgenommen sind, dieselben auch in der Reihe u, o, a, e, i oder umgekehrt wiederholen lassen; doch kommt nach meiner Ansicht sehr wenig auf diesen Punkt an. Es sind nur die hauptsächlichsten Laute und deren orthographische Bezeichnung berücksichtigt, und deshalb wird, besonders was lezteres, die Wiedergabe des Lautes in der Schrift, anlangt, durchaus kein Anspruch auf Vollständigkeit gemacht. Die eingeklammerten Namen können, besonders für den Anfang, übergangen werden. Der Unterschied zwischen offenem und geschlossenem Vokal ist nur bei den e-, o- und ō-Lauten betont; denn nur hier ist er wirklich von Wichtigkeit. Die Konsonanten und die dabei nötigen Unterscheidungen zwischen

---

[*)] Um denjenigen Kollegen, welche einen Versuch mit der hier vorgeschlagenen Methode machen wollen, die Mühe des Diktierens zu ersparen, werden die beiden Beilagen einzeln abgegeben. Sie können leicht in das sonst eingeführte Lehrbuch eingelegt oder eingeklebt werden.

stimmlos und stimmhaft sollen gelegentlich besprochen und geübt werden. Unter dem Abschnitt: Konsonanten sind deshalb nicht Beispiele für alle Konsonantenlaute gegeben, sondern nur die notwendigsten Punkte besonders in Bezug auf die Lautwerte von c und g und das grosse Aufmerksamkeit erfordernde Gebiet der Zischlaute erwähnt. Uns Deutschen fremde Laute oder Lautbezeichnungen wurden ganz ans Ende gestellt und daher auch vorher alle Wörter mit derartigen Lauten vermieden; so werden im Französischen die Nasallaute erst geübt, wenn alle übrigen Vokallaute schon durchgenommen sind, und die sogen. mouillierten Laute und im Englischen das th werden bis zuletzt aufgespart. Das geschieht aus dem einfachen Grunde, die Schwierigkeiten im Anfang nicht zu sehr zu häufen und vom Leichten und schon Bekannten allmählich zum Schwierigen und Neuen vorzuschreiten. In Betreff der zu manchen Namen gegebenen Anmerkungen sei noch einmal erwähnt, dass ich dabei von den Verhältnissen an den bayerischen Gymnasien ausgegangen bin, also die Durchnahme der betreffenden Länder in der Geographiestunde vorausgesetzt habe. Daher wurden nur seltenere Namen erklärt. Wer in dieser Beziehung mehr wünscht, kann leicht noch andere Bemerkungen von den Schülern selbst mit Bleistift eintragen lassen. Es ist natürlich, dass um besondere lautliche Erscheinungen zur Anschauung zu bringen, hie und da auch unbedeutendere Namen gegeben werden mussten; doch sind das im Verhältnis zur ganzen Zahl immerhin nur vereinzelte Fälle. Um den Unterricht zu beleben, versäume man nicht, wie schon gesagt, geschichtliche Begebenheiten zu erwähnen, mögen sie in der Geschichtsstunde schon vorgekommen oder später erst durchzunehmen sein. Erstes Gesetz sei aber, von Anfang an nur ganz langsam vorzugehen und lieber einige Stunden, selbst Wochen länger auf diese Übungen zu verwenden, die, richtig betrieben, nichts Langweiliges an sich haben, da auf mancherlei Art das Interesse der Lernenden erweckt werden kann, als oberflächlich über die Anfangsgründe wegzugehen und später zu merken, wie unsicher und schwankend der Boden ist, auf dem der weitere Unterricht sich aufbauen soll. Die meisten Verfasser der neueren Schriften gehen viel zu rasch vor. So will Hornemann[1]) gleich in der ersten Stunde die nach meiner Erfahrung den Schülern so grosse Schwierigkeiten machenden Nasallaute durchnehmen. Dasselbe verlangen auch Breymann und Möller[2]), nachdem sie zuerst ausser allgemeinen lautphysiologischen Erklärungen den Unterschied zwischen stimmhaft und stimmlos und das Vokaldreieck erläutert und geübt haben wollen, und zwar alles in einer Stunde. In der zweiten Stunde folgt dann bei ihnen die Durchnahme aller Konsonanten, einschliesslich der mouillierten Laute, und in 3 Stunden soll die ganze Lautlehre bewältigt sein. Diese Zeit, auch die von ihnen „bei sehr schwachem Schülermaterial" angenommene Zahl von 4 oder 5 Stunden ist viel zu kurz bemessen und kann unmöglich zu einer gründlichen Einübung führen.

1. Beilage: Französische Laute.

Zu A, I. Gleich bei den drei ersten Namen lasse man die Schüler bei Vergleichung von Laut und Schrift die stummen Schriftzeichen s, e und es finden, wozu unter II noch das t von *Rochefort* und *Lot*, das x von *Bordeaux* kommt. Man erinnere stets an das schon Dagewesene und lasse also in einzelnen Fällen z. B. alle schon bekannten stummen Zeichen zusammenstellen. *Paris* und *Bar.* dann besonders *Bonaparte* unter II geben Gelegenheit zur Besprechung und Einübung des Unterschiedes zwischen stimmhaft und stimmlos in der früher ausführlich behandelten Weise, wobei man besonders betont. dass die stimmlosen Laute im Französischen ohne Aspiration zu sprechen sind. *Favre* ist ein gutes Beispiel für den f- und v-Laut. Bei letzterem Wort wie auch bei *Bar* lasse man die Schüler durch geeignete Fragen selbst finden, welche Position hier

---

[1]) a. a. O Seite 83.
[2]) a. a. O. Seite 30 u. f.

die Länge des a-Lautes bedingt, wozu dann in Bezug auf r und das lange offene o unter II gleich noch mehr Beispiele treten. Man zeige, wie sonst im allgemeinen der kurze Vokal im Französischen bei weitem überwiegt, vergl. *Paris, Marne, Cannes*. Schon *Paris*, dann *Garonne* und besonders das dreisilbige *Bonaparte* bieten Veranlassung, die französische Betonung zu besprechen. Hier liest man fast in allen Lehrbüchern die Regel, der Ton liege auf der letzten vollen Silbe. Das ist zwar vom etymologischen Standpunkt aus vollkommen richtig; allein, wenn es sich um das Lesen der modernen Sprache handelt, führt es gar leicht irre. Man höre nur, wie Schüler, die gewissenhaft diese Regel befolgen wollen, zu lesen pflegen, oder man lese sich selbst einige Sätze vor, indem man stets den vollen Vokal der Endsilbe betont in der Art, wie wir im Deutschen gewöhnlich Betonung auffassen. Das lautet ganz abscheulich. Noch schlechter klingt die sonderbare, in einzelnen Gegenden und Schulen übliche Betonung der vorletzten Silbe. Eine richtige Angabe über den französischen Ton habe ich zuerst in Breymanns Elementar-Grammatik, Ausgabe für Lehrer § 201 gefunden, wo er sagt: „Alle Silben sind ungefähr gleich stark betont. Der Unterschied zwischen einer betonten und einer unbetonten Silbe weit geringer, als im Deutschen oder im Englischen." Ich sehe nicht ein, warum Breymann diese vollkommen zutreffende Regel nicht auch in der Ausgabe für Schüler gibt, sondern hier bei der sonst üblichen, irreführenden Fassung bleibt. Sollte man das den Schülern nicht durch Beispiele ganz deutlich machen können? Den grossen Unterschied zwischen deutscher und französischer Betonung mache man ihnen vor allem dadurch klar, dass man ein deutsches Wort, z. B. „*Weser*" zuerst nach deutscher und dann nach französischer Art vorspricht. Jeder kann hier hören, wie sich der Ton gleichmässig auf die beiden Silben verteilt, und wie die im Deutschen ganz unbetonte Endsilbe deutlich hervortreten muss, ohne dass dadurch etwa ein jambischer Rythmus entstehen dürfte. Öfteres Vorsprechen der französischen Namen wird dann bald die Schüler zur richtigen Auffassung und Nachahmung des Tones führen.

Zu A. II. Den wichtigen Unterschied zwischen offenem und geschlossenem o zeige man zunächst an deutschen Wörtern, besonders das im Deutschen nur kurz vorkommende offene o an Beispielen wie: Korn, Mord. *Cahors* gibt zuerst Veranlassung, die früher besprochene französische Bindung zwischen Vokalen zu üben. Das a und o müssen zusammengeschliffen, ohne Absetzen der Stimme gesprochen werden. Den Circumflex bei *Rhône* und *Côte-d'Or* bespreche man hier noch nicht ausführlicher, da die Accente erst beim e-Laut erklärt werden. Bei *Côte-d'Or* mache man darauf aufmerksam, wie das sonst stumme e hier ganz schwach klingen müsse zur Auseinanderhaltung des t und d (vergl. die S. 22 angeführten deutschen Beispiele.) Es wird dadurch allerdings etwas vorausgenommen, was erst unter VI beim ö-Laut vorkommt, doch glaubte ich in diesem einzelnen Fall deshalb nicht auf das die beiden o-Laute veranschaulichende gute Beispiel verzichten zu sollen, zumal da die Aussprache des kurzen dumpfen ö keine Schwierigkeit macht.

Zu IV. Nachdem der Unterschied zwischen geschlossenem und offenem Vokal zuerst wieder an deutschen Beispielen hervorgehoben ist, handle man hier besonders von den 3 Accenten, die man vorläufig noch nicht französisch nennen lasse, da ja die Nasallaute noch nicht durchgenommen sind. Die Hauptsache ist hier, dem Schüler die wirkliche Bedeutung der französischen Accente zum Verständnis zu bringen, dass sie nicht etwa die betonte Silbe angeben, sondern nur Hilfszeichen sind, um hauptsächlich die verschiedenen Laute, welche der Buchstabe e bezeichnen kann, in der Schrift deutlich anzugeben. Dabei weise man darauf hin, oder lasse vielmehr durch geeignete Fragen die besseren Schüler an den Musterwörtern selbst finden, dass durch gewisse Positionen der betreffende Laut schon als genügend bezeichnet gilt, ein Accent daher nicht mehr nötig und deshalb fehlerhaft ist, z. B. das geschlossene e in den Endungen ez: *Forez* und er: *Verviers*, das offene in der Endung et:

Malplaquet; in den einsilbigen Wörtern bei folgendem s: *Les Sables-d'Olonne*, und r: *Cher*, in geschlossener Silbe, mögen nun verschiedene oder zwei gleiche Konsonanten folgen: *Verviers, La Rochelle, Auxerre*. Wer die eingeklammerten Namen einstweilen übergeht, kann all das später nachholen. *Bazaine* und *Seine* sind gute Beispiele für das stimmhafte und stimmlose s.

Zu VI. Le Havre dient später in der Grammatik als Beispiel für das sog. aspirierte h, wie Cahors für das stumme.

Bei Vancouleurs möge man an die wohl manchem Schüler bekannte Stelle aus Schillers Jungfrau von Orléans erinnern:

Wir hatten sechzehn Fähnlein aufgebracht, ...
Und Ritter Baudricour aus Vancouleurs war unser Führer.

Zu B. Unter den Diphthongen habe ich nur die zwei oi und ui aufgeführt, da sich die übrigen, wie sie z. B. schon in *Verviers, Molière, Richelieu*, vorgekommen sind, ganz von selbst ergeben. Vor allem handelt es sich hier darum, zu zeigen, dass bei den französischen Diphthongen nicht wie im Deutschen der erste, sondern der zweite Vokallaut den Ton hat. Ob man bei oi lehrt, dass der erste Laut ein kurzes o oder ein u sei, ist unwesentlich; da das a den Ton hat, klingt der vorausgehende Vokal ohnehin ganz kurz und undeutlich. Besonders ist das ui mit der richtigen Betonung auf i zu üben, damit es nicht später zu der abscheulichen, von mir oft beobachteten Schulaussprache lúi = lui und ßlúi = celui kommt.

Zu C. Dieser Abschnitt macht nach meinen Erfahrungen wenigstens unseren fränkischen Schülern die allergrössten Schwierigkeiten, besonders die Unterscheidung zwischen nasalem a und nasalem o, ferner das Zusammentreffen von nasalen und nichtnasalen Vokalen. Deshalb übe man besonders gründlich Wörter wie: *Besançon* (auch wegen der beiden j-Laute ein gutes Beispiel), *Franche-Comté, Fontainebleau, Montauban*. Man übe auch nebeneinander *Turin, Turenne, Touraine*.

Zu C, III. Bei *St.-Germain-en-Laye* erinnere man an *Cahors* und zeige, wie das nasale ã und das nasale a ohne Unterbrechung der Stimme zusammengesprochen werden müssen.

2. Beilage: Englische Laute.

Fürs Englische, wo so geringe Übereinstimmung zwischen Laut und Schrift und infolgedessen so viel Unregelmässigkeit herrscht, gilt vor allem der Grundsatz, beim Anfangsunterricht nur die allerhäufigsten Arten der Bezeichnung der einzelnen Laute durchzunehmen, also von auch nur annähernder Vollständigkeit gänzlich abzusehen. Ein dickleibiges Buch, wie Steuerwalds Lehrbuch der englischen Aussprache ist zwar ein treffliches Hilfsmittel zum Nachschlagen in schwierigen Fällen; aber es ist doch sehr zu bezweifeln, ob es sich auch für die Schule empfiehlt. Vor allem ist ein solches Werk neben den übrigen Lehr- und Übungsbüchern für die ärmeren Schüler viel zu kostspielig. Es enthält ausser der eigentlichen Aussprachelehre besonders ein ausführliches Vokabular; allein nicht mit Unrecht wird von manchem in neuester Zeit ein solches als für die Schule überflüssig erklärt und behauptet, dass die Schüler weiter nichts brauchten, als ein Lesebuch und eine ganz kurz gefasste Grammatik, allenfalls, hauptsächlich für die oberen Klassen, noch eine Sammlung von Stücken zum Übersetzen aus der Muttersprache in die fremde. Ich selbst habe auch mit dem Vokabular keine guten Erfahrungen gemacht. Die einzelnen Wörter und Wendungen werden, da unmöglich Zeit vorhanden ist, sie immer wieder zu üben, nur gar zu schnell vergessen, und dann ist alle darauf verwandte Mühe und Zeit verloren. Steuerwald sagt selbst sehr richtig in seiner Vorrede, Seite X, dass die Redensarten „in lebendigem Zusammenhang der Sprache leichter erfasst, frischer empfunden und sicherer behalten werden." Deshalb ist eben sobald als möglich zusammenhängende, durch ihren Inhalt anziehende Lektüre zu betreiben. Dass das Erlernen von Sätzen, wie sie im Anhang des Buches gegeben werden, z. B: „dieses Zimmer gefällt mir sehr gut. Die Thüre ist in der Klinke. Das Wohnzimmer ist möbliert in Nussbaum matt, das Speisezimmer in alt Eichen, in den Kinderzimmern sind nur gefirnisste Möbel" u. s. w. — gerade eine besondere „Würze für den Unterricht" seien, wie der Verfasser an der schon genannten Stelle sagt, ist mir sehr zweifelhaft, auch kann ich mir keine rechte Vorstellung von den dort empfohlenen Sprechübungen über solche Dinge beim Schulunterricht machen. Die Aussprachelehre selbst ist nun, wie gesagt, zu praktischen Zwecken viel zu ausführlich. Denn wenn auch nach den Angaben der Vorrede, S. IX die Unterrichtszeit nur bis zur Erledigung des 1. Abschnittes (§ 1—17) ausschliesslich der Aussprache gewidmet werden soll, und den weiteren Abschnitten immer nur einige Minuten am Anfang zuzuweisen sind, so halte ich doch diesen Betrieb nach einer trockenen, systematischen Zusammenstellung aller sog. Aussprachregeln und der zahllosen Ausnahmen, wobei oft ganz seltene Wörter auswendig zu lernen sind, für verfehlt, vor allem kann ich mir nicht denken, dass dieser Unterrichtsgegenstand dadurch dem Schüler besonders anziehend und lieb gemacht wird, wie es doch der Verfasser an anderer Stelle fordert. Ferner scheint mir, wenn z. B. auf Seite 22 von den 4 A-Lauten die Rede ist (fate, far, fall, fat), doch der Grundsatz, stets vom Laut auszugehen, allzusehr vernachlässigt zu sein; denn die 3 Wörter fate, fall, fat enthalten doch keinen a-Laut, sondern der Buchstabe a dient hier nur zur Bezeichnung verschiedener Laute. Wenn in der Vorrede S. XII als ein besonderer Vorzug der Bezeichnung der verschiedenen Vokallaute mit Ziffern hervorgehoben ist, dass man einem Schüler, der ancient mit kurzem, offenem a spricht, leicht sagen kann, er habe „a eins" und nicht „a vier" zu sprechen, so ist auch hier in rein äusserlicher Weise der Buchstabe viel zu sehr in den Vordergrund gestellt; denn „a eins" oder „a vier" sind doch keine Laute, sondern weiter nichts als ein Buchstabe mit einer Ziffer. Weit richtiger ist es doch, zu sagen: Du hast hier nicht kurzes, offenes e, sondern langes geschlossenes e zu sprechen, oder mit Hilfe der von Steuerwald gebrauchten Musterwörter, nicht wie in fat, sondern wie in fate. Also, wie gesagt, eine Aussprachelehre in der Art, dass man die einzelnen Vokalzeichen durchnimmt und dabei alle Beispiele aufzählt für die verschiedenen unregelmässigen Laute, welche das betreffende Zeichen ausdrücken kann, halte ich nach meinen Erfahrungen für unpraktisch. Die Hauptlaute sollen an Musterwörtern gelernt werden, alles übrige ist von Fall zu Fall, je nachdem es vorkommt, einzuprägen. Jedes neue Wort hat ja ohnehin der Lehrer zunächst vorzusprechen, und dann soll er die Schüler darauf hinweisen, auf welche Art der ihnen schon bekannte Laut hier in der Schrift bezeichnet ist, also z. B. steak, e geschl. hier nicht durch a ausgedrückt wie in Wales, Avon, sondern durch 2 Vokalzeichen: ea. Dabei werden stets alle schon vorgekommenen Fälle derselben Art von den Schülern wiederholt, also z. B. gefragt: in welchen Wörtern haben wir schon den geschl. e-Laut durch ea bezeichnet gesehen? worauf die besseren Schüler leicht antworten können: in great und break. Darauf frage man auch nach den Lauten, welche ea sonst ausdrücken kann, worauf die Musterwörter Shakespeare und Reading und sonstige etwa schon dagewesene Wörter zu nennen sind. Auf diese Weise kommt man im Verlauf des Unterrichts allmählig zur systematischen Zusammenstellung und das ist weit anregender und entspricht der natürlichen Art der Spracherlernung viel mehr als das umgekehrte Verfahren.

Bezüglich der Vokallaute ist es überflüssig, nach Walker und Steuerwald zwischen den Lauten in nor und fall, in far und fast zu unterscheiden. Die beiden ersten Wörter zeigen das lange offene o, die beiden letzten das lange a. Der Unterschied zwischen far und fast ist so gering, dass er gar nicht in Betracht kommt. Diese Auffassung vertritt auch Vietor. Noch eine Bemerkung ist vorauszuschicken über das geschlossene e und das geschlossene o: Vietor bezeichnet in seiner „Englischen Schulgrammatik" diese Laute geradezu als Diphthonge mit (ei) und (ou), genau ebenso wie z. B. den Vokallaut in m i c e mit (a͡i) und in m o u s e mit (a͡u). Auch sonst wird vielfach so gelehrt und von deutschen Lehrern des Englischen so gesprochen. Ich halte das entschieden für übertrieben. Dass die geschlossenen e- und o-Laute nicht ganz rein im Englischen sind, ist vollständig richtig; aber die Aussprache, wie sie jetzt bei uns vielfach gelehrt wird, habe ich bei meinem längeren Aufenthalt in London doch nur von Ungebildeten, oder von Gebildeten nur dann gehört, wenn sie sich gehen liessen, nicht aber z. B. in der edleren Sprache eines Vortrages. Es ist auch gar nicht zu leugnen, dass diese e͡i und o͡u ganz abscheulich klingen. Wozu sollten wir also diese hässliche Aussprache der Ungebildeten in die deutsche Schule einführen? Es gereicht mir zur grossen Befriedigung, hierin mit Kollega S t e u e r w a l d übereinstimmen zu können, welcher sagt, dass in f a t e das i und in n o das u n u r g a n z s c h w a c h n a c h k l i n g e n d ü r f e. Die Hauptsache für unsere Schüler ist jedenfalls zunächst, den geschlossenen Laut ihnen in diesen Fällen recht einzuprägen; denn nach meiner Erfahrung sind sie sehr geneigt, Wörter wie f a t e, m a k e, g r e a t u. s. w. mit offenem e, d. h. ä zu sprechen.

Zu A, I. Hier muss gleich bei den 3 ersten Wörtern an den Unterschied zwischen stimmhaft und stimmlos erinnert werden, der meistens den Schülern aus dem Französischen schon bekannt ist, da sie dieses vor dem Englischen zu lernen pflegen. Dabei ist ausdrücklich zu erwähnen, dass besonders p, t und f im Englischen — abweichend vom Französischen — mit Aspiration gesprochen werden müssen. Bei W a l e s mache man auf das stumme e und auf den Unterschied zwischen deutschem und englischem w aufmerksam. Ich bin aus praktischen Gründen bei der alten Auffassung geblieben dass w und y im Anlaut als Konsonanten, nach einem Vokal aber als Vokalzeichen gelten. Wer für die neuere Bezeichnung „Halbvokale" ist, möge sie so nennen. Für die Schule kommt gar nichts darauf an. Bei *Bedford* haben wir zum erstenmal ein r im Auslaut, bei *Reading* im Anlaut. Das englische r habe ich schon ausführlich besprochen. Wörter wie *Aron. Bedford. Severn. Manchester* u. s. w. veranlassen die Erläuterung der von der französischen so ganz verschiedenen englischen Betonung. Man erkläre den Schülern, dass im Englischen wie im Deutschen gewöhnlich eine Silbe den Ton hat, und die unbetonten Endsilben noch weit mehr als im Deutschen gekürzt werden, wodurch die Vokallaute ganz abgeschwächt und getrübt erscheinen. Man spreche z. B. ford als Wort für sich und dann als unbetonte Endung in *Bedford*. So wird der Unterschied auch dem schwächsten Schüler deutlich werden. Da die unbetonte Endsilbe so stark verkürzt wird, so ist es ganz unwesentlich, ob man den Vokal der Endung in Wörtern wie *Aron* (und den später vorkommenden *Brighton, Newton, Bristol*) theoretisch als ganz kurzes ŏ oder als völlig verstummt betrachtet, wie man für beide Auffassungen Beispiele in den Lehrbüchern findet.

Man. Dieser Vokallaut ist noch offener als deutsches ä, steht also dem a näher, doch wird es bei uns vielfach mit Unrecht ganz wie a gesprochen. Zur genauen Einübung des Unterschieds zwischen stimmlos und stimmhaft dienen Wörter wie <u>Bradford</u>, und <u>Stratford</u>. Dass der Vokallaut bei ersterem etwas länger erscheint, hat Steuerwald richtig erklärt, wenn er S. 23 sagt: „Vor stimmhaften Konsonanten erfährt dieser Laut eine geringe Dehnung, die sich indessen, ohne dass man sie beabsichtigt, aus der Bemühung, den nachfolgenden Konsonanten weich zu sprechen, von selbst einstellt."

Zu II. 1. <u>Evesham</u>. Man spreche zunächst ganz regelmässig vor: *Eves-ham*, und zeige dann, wie nach dem schon besprochenen Gesetz der englischen Betonung bei raschem Sprechen der Vokal der letzten Silbe zu kurzem ŏ abgeschwächt, ja sogar das h weggelassen wird, also nach Websters Bezeichnung entweder *eevz'hum* oder *eevz'um*; ebenso ist es bei *Oakham* unter IV, *Birmingham* unter V u. a. Bei *Windermere* sage man, dass bei längeren Wörtern manchmal ausser dem Hauptton (hier auf der ersten Silbe) noch ein schwächerer Nebenton (hier auf mere) eintritt

2. Bei *Shakespeare* habe ich mich an die bei uns gebräuchlichste Orthographie gehalten.

Zu III. *Margate:* wieder ein Beispiel für den Einfluss der englischen Betonung. Die letzte Silbe für sich gesprochen, hat langes geschlossenes e, in *Margate* aber ist sie ganz verkürzt.

Zu V. Der betonte Vokallaut in *Mersey, Birmingham, Burton* wird eigentümlicherweise von manchen als Kürze bezeichnet, was entschieden wenigstens der in London gehörten Aussprache widerspricht. Deutschbein gibt mit Recht diese Vokale als lang an. Das kurze offene ö (*Hull* u. s. w.) spreche man nicht, wie man es bei uns oft hört, fast wie ein kurzes a; es ist das nicht die in London übliche Aussprache. Beim Namen *London* habe ich stets ganz deutlich die zweite Silbe gleich der ersten mit kurzem, offenem ö aussprechen hören. Auch Webster gibt zunächst lun-dun und erst in zweiter Linie lund'n. Wörter wie *Dublin* und das unter C II. genannte *Rugby* sind sehr geeignet zur Einübung der stimmhaften Laute. Man lasse die ersten Silben dub, rug auch öfter für sich allein sprechen.

Zu VI. *Wolverhampton* ist wieder ein Wort mit Nebenton, der auf der 1. Silbe liegt, während die 3. Silbe den Hauptton hat.

Die nach der Aufführung der einzelnen Laute gegebenen Hauptregeln lasse man die Schüler aus den betreffenden Namen selbst ableiten, und zwar gleich von Anfang an. So ist z. B. bei *Cape* keine Aussprachebezeichnung gegeben, weil vorausgesetzt wird, dass der Schüler schon bei Wales darauf hingewiesen wurde, wie man im Englischen den langen Vokal durch stummes e nach einfachem Konsonanten bezeichnet; ebenso ist es z. B. bei *Wakefield* und betreffs des kurzen Vokallauts bei *Ben Nevis, Sheffield* u. s. w.

Zu C III. Nur hier zur Veranschaulichung der Zischlaute in den unbetonten Endungen habe ich keine Eigennamen verwendet, weil durch Vergleichung mit der franz. Aussprache der betreffenden Wörter dem Schüler klar gemacht werden soll, wie der im Englischen übliche Laut entstcht, z B. *nature*, nach der Art, wie im Englischen die Vokale gesprochen werden: netjur, zweite Silbe verkürzt, weil die erste den Ton hat, zuerst netjur, dann netjör. Nun zeige man, wie bei raschem Sprechen dieses netjör ganz von selbst in netidjör übergeht; oder *nation* (frz. vorgespr.) englisch: neßjön; ßj geht in den Zischlaut idj über, also neſchön. Daraus sehen die Schüler, warum sie bei *nature* dem Zischlaut ein t vorschlagen müssen, bei *nation* dagegen nicht, und so wird die fehlerhafte Aussprache netſchön, zu der sie im Anfang geneigt sind, vermieden.

Zu VI. Der allgemein als so schwierig verschriene th-Laut muss von Anfang an gründlich geübt werden. Man erkläre den Schülern, wie dieser Laut hervorgebracht wird, was ihnen sehr leicht deutlich zu machen ist, da wir hier, wie früher erwähnt, einen vorne im Mund deutlich sichtbaren Vorgang haben, und lasse sie dann die Musterwörter, vielleicht auch noch andere, die man stets zuerst vorspricht, dann an die Tafel schreibt, immer und immer wieder nachsprechen. Erst jüngst habe ich in einer neuen englischen Grammatik gelesen, da die Schüler das schwierige th doch nicht sprechen könnten, so dringe man auch gar nicht weiter darauf. Wie kann man so gleich die Flinte ins Korn werfen! Damit käme man wieder zu dem, was mit Recht als „alter Schlendrian" bezeichnet werden muss, zur völligen Gleichgültigkeit gegen den Laut! —

Musterwörter

zur

Einübung der französischen Laute.

I. Beilage

zu der Abhandlung:

Phonetik in der Schule?

von

Christian Eidam
k. Studienlehrer.

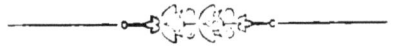

Musterwörter
zur Einübung der französischen Laute.

A. Vokale.

I. **a-Laut**
   kurz: **Paris, Marne, Cannes,**
   lang: **Bar,**¹⁾ [**Favre.**²⁾]

II. **o-Laut**
   offen, kurz:
   Garonne, Bonaparte, Gravelotte,
   offen lang:
   Cahors³⁾ (h stumm), **Rochefort** (ch = ſch),
   geschlossen, lang:
   1) durch ein Vokalzeichen ausgedrückt:
      [o: **Lot,**]
      ô (o mit Circumflex): **Rhône, Côte-d'Or,**
   2) durch zwei Vokalzeichen:
      au: **Aube, Lausanne** (s ſth)
   3) drei Vokalzeichen:
      eau: **Bordeaux.**

III. **u-Laut**
   zwei Vokalzeichen:
   ou: **Adour, Tours, Toulouse** (s ſth), **Rousseau.**

Anm. Abkürzungen und Hilfszeichen: ſth. = stimmhaft, ſtl. = stimmlos, geſchl. = geschlossen, off. = offen, Zl. = Zischlaut.
Die Länge wird durch ¯, die Kürze durch ˘ bezeichnet.
¹) Städtchen an der Aube. ²) Minister der französischen Republik nach dem Sturz des Kaisertums 1870. ³) Stadt am Lot, r. Nebenfluss der Garonne.

IV. e-Laut
  geschlossen:
    ein Vokalzeichen:
      [e: Forez (z ſtumm),]
      é: (e mit Akut): Médoc (c = f,
  offen: (ä-Laut), kurz:
    Verviers[1]) (Endg. e geſchl., rs ſtumm),
  etwas länger: La Rochelle, Malplaquet[2]) (qu = f),
  offen, lang:
    1) ein Vokalzeichen:
      e: Cher,[3] Auxerre[4]) (x = s ſtl.), [Les (s ſtumm)
        Sables-d'Olonne[5]) (a, beide o = o offen.)]
      è (e mit Gravis): Sèvres, Molière,
      ê (e mit Circumflex): Bicêtre[6]) (c = s ſtl.
    2) zwei Vokalzeichen:
      ai: Calais, Touraine, Voltaire, Bazaine
        (z = s ſch.),
      [ay: Épernay,]
      ei: Seine.

V. i-Laut
  kurz:
    i: Paris,
    y: Crécy[7]) (c = s ſtl.),
  lang:
    Lille, Nîmes.

VI. ö-Laut
  ganz kurz und dumpf:
    Grenoble, Le Havre,
  geschlossen, lang:
    zwei Vokalzeichen:
      eu: Richelieu,

---

[1]) Stadt in Belgien. [2]) Dorf im nördlichen Frankreich, Sieg der Engländer und Österreicher über die Franzosen 1709. [3)] 1 Nebenfluss der Loire. [4]) Stadt südöstlich von Paris, an der Yonne, Nebenfluss der Seine. [5]) Städtchen und Seehafen, nordwestlich von La Rochelle. [6]) Ein Fort im Süden von Paris. [7]) Ort im Norden, in der Picardie, Sieg der Engländer über die Franzosen 1346.

offen, lang:
   zwei Vokalzeichen:
      eu: **Eure,**[1]) **Vaucouleurs**[2]), **Villeneuve,**[3])
offen, kurz:
   zwei Vokalzeichen
      eu: **Elbeuf.**[4])
   [Drei Vokalzeichen:
      œu: **Lebœuf.**[5])]

VII. **ü-Laut**
   kurz:
      Turenne,[6]) **Lunéville,**
   [lang:
      Saumur[7])]

B. Diphthonge.

I. $\widehat{oa}$-**Laut** (Ton auf a).
   zwei Vokalzeichen:
      oi: **Poitiers, Blois,**
   [Drei Vokalzeichen:
      oye: **Troyes,**]
      lang:
         Loire, Oise[8]) (s. ſiħ.)

II. $\widehat{üi}$-**Laut** (Ton auf i),
   zwei Vokalzeichen:
      ui: **Maupertuis,**[9]) **Les Tuileries,**[10])
      uy: [**Puy-de-Dôme,**[11])]
         Guyenne (y = ii).

---

[1]) l. Nebenfluss der Seine. [2]) Städtchen in Lothringen, südwestlich von Nancy, an der Maas. [3]) Städtchen am östlichen Ufer des Genfer Sees. [4]) Stadt an der Seine, südöstlich von Le Havre. [5]) Französischer Marschall, bei der Übergabe von Metz 27. October 1870 gefangen. [6]) Feldherr unter Ludwig XIV. [7]) Stadt an der Loire, westlich von Tours. [8]) r. Nebenfluss der Seine. [9]) Dorf bei Poitiers, Sieg der Engländer über die Franzosen 1356. [10]) Name des früheren Residenzschlosses in Paris. [11]) Berg in der südlichen Gruppe der französischen Mittelgebirge.

C. Nasale Vokale

I. nasales a

zwei Schriftzeichen:

an: **Nancy** (c = s ſtl.), **Angers** (g 3l. ſth.), **Anjou** (j 3l. ſth.), **Orléans, Nantes, Les Landes,**[1] **La Manche, Normandie, Sedan,**

am: **Cambrai** (auch Cambray geschrieben), **Chambord.**[2]

en: **Rouen, Provence** (c = s ſtl.).

II. nasales o

zwei Schriftzeichen:

on: **Napoléon, Fontainebleau, Mont Dore,**[3] **Mont Blanc, Gironde** (g 3l. ſth.), **Soissons, Lyon, Toulon, Besançon** (s ſth., ç = s ſtl.), **Montauban,**

om: **Franche-Comté.**

III. nasales ä

zwei Schriftzeichen:

in: **Azincourt**[4] (z = s ſth.),

en mit vorausgehendem i als Endsilbe: **Amiens,**

drei Schriftzeichen:

ain: **St.** (= Saint)-**Étienne, St.-Quentin** (qu = k), **St. Germain-** (g 3l. ſth.) **en-Laye**[5] (aye = e off.)

eim: **Reims** (s ſtl.).

IV. nasales ö

zwei Schriftzeichen:

un: **Verdun.**

Man vergleiche:

<u>Nancy</u>, <u>Cambrai</u>, <u>Napoléon</u>, <u>Azincourt</u>, <u>Amiens</u>, <u>Canal du Midi</u>,[6] <u>Namur</u>, <u>Bonaparte</u>, <u>Épinal</u>,[8] <u>Grenoble</u>, <u>Cannes</u>, <u>Vandamme</u>,[7] <u>Garonne</u>, <u>St.-Étienne</u>. <u>St.-Germain</u>, <u>Verdun</u>, <u>Touraine</u>, <u>Lunéville</u>,

---

[1] Heideland, am Golf v. Biscaya [2] Dorf und Schloss östlich von Blois. [3] Höchster Berg der französischen Mittelgebirge. [4] Ort im Norden Frankreichs, Sieg der Engländer über die Franzosen 1415. [5] Stadt an der Seine, westlich von Paris. [6] Verbindet die Garonne mit dem mittelländischen Meer. [7] Französischer Feldherr. [8] Stadt an der Mosel, südlich von Nancy.

Daraus ergibt sich:
Der Nasallaut wird durch ein dem Vokal folgendes n oder m bezeichnet (siehe oben erste Zeile). Folgt jedoch auf n oder m ein Vokal (siehe zweite Zeile), oder ist n oder m verdoppelt (siehe dritte Zeile), so haben wir keinen Nasallaut.

D. Konsonanten.

I. Die beiden Laute, welche **der Buchstabe c** bezeichnen kann:
 1) **k-Laut** vor a, o, u, vor Konsonanten und im Auslaut:
  Calais, Côte-d'Or, Vaucouleurs, St.-Cloud,[1] **Médoc,**
  Sonst wird der k-Laut durch qu bezeichnet:
  St.-Quentin.
 2) ß-**Laut** vor e, i, y:
  Bicêtre, Nancy,
   ç vor a, o, u bezeichnet gleichfalls den ß-Laut: **Besançon.**
II. Die beiden Laute, welche **der Buchstabe g** bezeichnen kann:
 1) g-**Laut** (ſth.) vor a, o, u und vor Konsonanten:
  Garonne, Angoulême, Guyenne, Gravelotte,
   gu vor e und i bezeichnet ebenfalls den g-Laut (u ist nur Schriftzeichen und wird nicht gesprochen):
  Languedoc,
 2) stimmhafter Zischlaut (deutsches ſch ist dagegen stimmlos) vor e, i, y:
  St.-Germain-en-Laye, Bourges, Gironde,
   ge vor a und o bezeichnet gleichfalls den ſth. Zischlaut (e ist nur Schriftzeichen und wird nicht gesprochen):
  George Dandin.[2]

---

[1] Städtchen und Schloss an der Seine, westlich von Paris. [2] Titel eines Lustspiels von Molière.

III. **Die Zischlaute und ihre Bezeichnung in der Schrift:**
  1) **stimmlos** (deutsch ſch):
      ch: **Richelieu, Rochefort, Châlons, Cher,**
  2) **stimmhaft:**
      j: **Anjou, Dijon,**
      g: **Gironde** (vgl. oben II. 2).
s-Laut
  1) **stimmlos:**
      s: **Seine, Saumur, Sèvres, Brest** (e off., s und t gesprochen),
      ss: **Soissons, Rousseau,**
      c: **Nancy** (vgl. oben I. 2).
  2) **stimmhaft:**
      s: **Lausanne, Toulouse, Besançon,**
      z: **Bazaine, Azincourt.**
IV. Die sog. mouillierten Laute
  1) **Das mouillierte l:**
      Versailles, Montmirail,[1) **Marseille, Roussillon,**[2) **Bouillon,**[3) **[Argenteuil.**[4)]

Man vergleiche:

Versailles,   Montmirail,   Marseille,   Roussillon,
Talleyrand,[5)   **Cantal,**[6)   **Montpellier,**
                        [**Montbéliard,**[7)]   **Tuileries.**

Daraus ergibt sich: Der Laut des mouillierten l (= weichem j) wird nur gehört, **wenn dem l ein i vorhergeht,** (s. oben die ersten 3 Wörter der ersten Zeile) und **wenn es ausserdem im Inlaut verdoppelt ist** (Roussillon). Dagegen hört man den reinen l-Laut, wenn dem l kein i vorhergeht (s. die Wörter der zweiten Zeile) oder **wenn es nach i im Inlaut nur einfach steht** (Tuileries, reines l!)

  2) **Das mouillierte n:**
      Lagny,[8) **Bretagne, Champagne, Compiègne,**[9)
      Avignon, Boulogne.

[1) Städtchen östlich von Paris, Sieg Napoleons über die Verbündeten 1814. [2) Alte Provinz im Süden. [3) Städtchen in Belgisch-Luxemburg, Gottfried von Bouillon. [4) Städtchen nordwestlich von Paris. [5) Französischer Diplomat. [6) Berg, südlich vom Mont Dore. [7) Städtchen, nordöstlich von Besançon. [8) Städtchen, östlich von Paris. [9) Stadt an der Oise, nordöstlich von Paris.

Beispiele von Fragen und Antworten über die Musterwörter:

Frage:	Antwort:
	(stets in einem vollen Satz zu geben).
Sur quelle rivière est située la ville de Paris?	La ville de P. est située sur la Seine.
Montrez-moi sur la carte le cours de la Seine.	Voici le cours de la Seine, monsieur.
Quelle est la mer où se jette la Seine?	La Seine se jette dans la Manche.
Savez-vous quelques autres villes situées sur la Seine?	Oui, mons. Les autres villes situées sur la Seine sont St.-Cloud, St.-Germain-en-Laye près de Paris, Elbeuf, Rouen et le Havre qui est situé à l'embouchure de cette rivière.
Que savez-vous de la ville de Paris?	La ville de P. est la capitale de la France.
Quels sont les noms de quelques affluents de la Seine?	Quelques affluents de la Seine sont l'Aube, la Marne sur la rive droite et l'Eure sur la rive gauche.

Einige Wörter zu Fragen und Antworten:

La France	Frankreich
en France	in Frankreich
français, e	französisch
la province	die Provinz
situé, e	gelegen
il (l rein!), elle est (e off. st stumm) plur. ils, elles sont	er (es), sie ist
c'est, plur. ce sont	das ist
le fleuve	der Strom
la rivière	der Fluß
un affluent	ein Nebenfluß

le cours	der Lauf
la source	die Quelle
une embouchure	eine Mündung
la ville (l rein!) de Paris	die Stadt Paris
la capitale	die Hauptstadt
petit, e	klein
grand, e	groß
sur	auf, an
près de	nahe bei
et (e geschl.)	und
où	wo, wohin
voici	hier ist
que	was
quel, le	welch, was für ein
montre-moi	zeige mir
montrez-moi	zeiget (zeigen Sie) mir
la carte	die Karte
sais (ai = e geschl.) -tu	weißt du?
savez-vous	wißt ihr, wissen Sie?
oui, non	ja, nein
monsieur (on = ō off. s ſtl. eu = ō geschl. r stumm)	mein Herr
la montagne	der Berg
haut, e	hoch
le nom	der Name
ce fleuve, pl. ces fleuves	dieser Strom
cet affluent, pl. ces affluents	dieser Nebenfluß
cette rivière, pl. ces rivières	dieser Fluß
quelque	irgend ein
autre	ander
qui, acc. que	welcher
la rive droite	das rechte Ufer
la rive gauche	das linke Ufer
la rivière se jette dans	der Fluß ergießt sich in
plur. les rivières se jettent (ent stumm) dans	
l'océan Atlantique	der atlantische Ocean

la mer Méditerranée — das mittelländische Meer
le lac (c = f) de Genève — der Genfer See
le nord — Norden
le sud (d gesprochen) — Süden
l'est (vgl. Brest) — Osten
l'ouest (vgl. Brest) — Westen.

Le clocher du village
Surmonte ce séjour,
Sa voix comme un hommage
Monte au premier nuage
Que colore le jour.

Signal de la prière,
Elle part du saint lieu,
Appelant la première
L'enfant de la chaumière
À la maison de Dieu.

le clocher, der Kirchturm
le village, das Dorf (vgl. ville.)
gen. du (= de le) village, wörtl.
  von dem Dorf
surmonter, überragen
il surmonte, er überragt
le séjour, Aufenthalt, Stätte
son, sa, sein
la voix, die Stimme
comme, wie
un hommage, eine Huldigung
monter. steigen, sich erheben
premier, ère, erste
le nuage, die Wolke
au (= à le) nuage, zu der Wolke
colorer, färben
le jour, der Tag

le signal, das Zeichen
la prière, das Gebet
elle part, sie geht aus
le lieu, der Ort
appelant, rufend
un enfant, ein Kind
la chaumière, die Strohhütte
la maison, das Haus
Dieu, Gott.

Aux sons que l'écho roule
Le long des églantiers,
Vous voyez l'humble foule
Qui serpente et s'écoule
Dans les pieux sentiers;

C'est l'enfant qui caresse
En passant chaque fleur.
Le vieillard qui se presse:
L'enfance et la vieillesse
Sont amis du Seigneur!

Lamartine.

---

le son, der Klang
aux (= à les) sons, bei den Klängen
un écho (ch = t), ein Echo
rouler, rollen
le long de, längs
un églantier, ein wilder Rosenstock
vous voyez, ihr seht
humble, demütig
la foule, die Menge
serpenter, sich schlängeln
s'écouler, dahin fließen; wallen
dans, in, auf
pieu. pl. pieux, fromm
le sentier, der Pfad

caresser, liebkosen
en passant, im Vorübergehen
chaque, jeder
la fleur. die Blume
le vieillard. der Greis
la vieillesse, das Greisenalter
se presser, sich beeilen
une enfance, eine Kindheit
un ami. ein Freund
le Seigneur, der Herr.

Musterwörter

zur

Einübung der englischen Laute.

II. Beilage

zu der Abhandlung:

Phonetik in der Schule?

von

Christian Eidam
k. Studienlehrer.

Musterwörter
zur Einübung der englischen Laute.

A. Vokale.

I. **e-Laut**

geschlossen, lang (mit ganz schwach nachklingendem i)
  1) **ein** Vokalzeichen:
      a: **Avon, Wales** (s = ſtḥ), **Hastings** (2tes s ſtḥ.)
  2) zwei Vokalzeichen:
      ai: **Maine,** [1)]
      [ay: **Tay**],

geschlossen, kurz:
  1) **ein** Vokalzeichen:
      e: **Kent, Bedford,** [2)] **Severn, Chester** (ch = tſch)
      [a: **Thames** (th = t, s ſtḥ.)]
  [2) zwei Vokalzeichen:
      ea: **Reading,**] [3)]

offen (ä-Laut)
kurz: **Man, Man'chester** (ch = tſch), **Bradford, Stratford, Shannon,** (sh = ſch),
lang: **Cape Farewell.** [4)]

Anm. Abkürzungen und Hilfszeichen: ſtḥ. = stimmhaft, ſtl. = stimmlos, geſchl. = geschlossen, off. = offen, Zl. = Zischlaut.
Die Länge wird durch ¯, die Kürze durch ˘, der Ton durch ′ bezeichnet. Steht letzteres Zeichen unmittelbar hinter dem Vokal, so drückt das zugleich Länge des Vokals aus, z. B. A'von; steht es aber hinter dem auf den Vokal folgenden Konsonanten, so ist der Vokal kurz zu sprechen, z. B. Sev'ern.

[1)] Der nordöstlichste der Vereinigten Staaten Nordamerikas. [2)] Stadt und Grafschaft nördlich von London an der Ouse (ou = u, s ſtḥ.). [3)] Stadt westlich von London an der Themse. [4)] Kap an der Südspitze von Grönland.

II. i-Laut

lang:

1) ein Vokalzeichen:

e: **Ben Nevis** (s ſtl.), **E'vesham** ¹) (s ſth., getrennt von h), **Win'dermere**. ²)

2) zwei Vokalzeichen:

ea: **Sha'kespeare**,
ee: **Tweed, Leeds** (s ſth.),
ie: **Sheffield, Wakefield**, ³)

kurz:

i: **Whitby**, ⁴) **Minch** (ch = tſch ſtl.), **Bristol, Windsor** (d ſtumm, s ſth.),

y: **Sydney** (die beiden Vokale ey der unbetonten Endsilbe lauten ebenfalls = i).

III. a-Laut

lang: **Margate** ⁵) (2. a = ĕ geſchl.), **Windsor Castle**, (c = t. s ſtl., t ſtumm), [**Shaftesbury** ⁶) (s ſtl., u = ĕ geſchl., y = i)].

IV. o-Laut

geschlossen. lang (mit ganz schwach nachklingendem u):

1) ein Vokalzeichen:

o: **Dover, Stoke, Shoreham**, ⁷)

2) zwei Vokalzeichen:

[oa: **Oakham**,] ⁸)
ow: *) **Snowdon**,

---

¹) Städtchen am Avon, unterhalb Stratford, Schlacht 1265. ²) Der grösste englische See, nördlich von Lan'caster. ³) Stadt südöstlich von Leeds. ⁴) Stadt im nördlichen England, an der Nordsee. ⁵) Stadt und Seebad, östlich von der Themsemündung. ⁶) Städtchen, südöstlich von Bristol; (der Graf von Shaftesbury setzt die Habeascorpusacte durch 1679). ⁷) Städtchen am Kanal, westlich von Brighton. ⁸) Städtchen östlich von Leicester (eic stumm).

*) w nach einem Vokal gilt als Vokalzeichen, im Anlaut aber als Konsonant, vgl. Wales.

offen, lang:
  1) **ein** Vokalzeichen:
    o: **York** (y = j)*), **Corn'wall** (c = f),
    a: **Wharf** 1)
    [a mit verstummtem l: **Falkland**.]
  [2) zwei Vokalzeichen:
    au: **Taunton,** 2)
    aw: **Scawfell,** 3)] (c = f),
offen, kurz:
  o: **Walter** (a = o off.) **Scott, Oxford, Not'tingham,**
  [a: **Wash'ington**],

V. ö-Laut
offen, lang:
  e: **Mer'sey** (s ſtſ., ey = ï),
  i: **Bir'mingham,**
  u: **Burton,** 4)
offen, kurz:
  u: **Hull, Dublin, Dundee',**
  o: **London** (beide o = ö off.).

VI. u-Laut
lang:
  1) **ein** Vokalzeichen:
    u: **Rob'inson** (s ſtſ.) **Crusoe** (s ſtſ., oe = o geſchl.),
  2) zwei Vokalzeichen:
    oo: **Liv'erpool,**
kurz:
  1) **ein** Vokalzeichen:
    u: **Bulwer,**
    [o: <u>Wolverhamp'ton,</u>]
  2) zwei Vokalzeichen:
    oo: **Cook,** 5) **Cape of** (f = v) <u>**Good Hope**</u>.

---

1) Rechter Nebenfluss der in den Humber mündenden Ouse (ou = u, s ſtſ.). 2) Stadt südwestlich von Bristol. 3) Höchster Berg Englands nahe beim See Windermere. 4) Stadt am Trent, grosse Alebrauerei. 5) Berühmter englischer Seefahrer; Cook-Strasse in Neuseeland.

*) y im Anlaut gilt, ebenso wie w, als Konsonantenzeichen, sonst als Vokal, vgl. Sydney.

B. Diphthonge.

I. ju-Laut (u mit vorgeschlagenem j)
   lang:
   1) ein Vokalzeichen:
      u: **Stuart, Tudor, Bute,**[1] **Ure,**[2]
   2) zwei Vokalzeichen:
      ew: **Newton, New York.**

II. ai-Laut
   ein Vokalzeichen:
      i: **Isis**[3] (beide s ſtl.), **Whitehaven,**[4] (a $=$ ē geſchl.),
      Canti're,[5] **Ireland,**
      [i mit verstummtem gh: **Wight, Brighton.**]
      [y: **Tyne, Clyde**].

III. oi-Laut (offenes o und i)
   zwei Vokalzeichen:
      oi: **Liz'ard** (z $=$ s ſth.) **Point.**[6]
      [oy: **Croydon.**][7]

IV. au-Laut
   zwei Vokalzeichen:
      ou: **Rocky** (ŏ off.) **Moun'tains** (ai $=$ ĭ, s ſth.).
      ow: **Tower.**

Man vergleiche folgende Wörter:
Avon,   Nevis,   Isis,   Dover,   Stuart,
Wales,   Evesham,   Whitehaven, Stoke,   Bute,
Man,   Kent,   Whitby,   Scott,   Hull.

Die Vokallaute der Wörter der ersten und zweiten Zeile nennt man die regelmässigen **langen** oder **alphabetischen** Laute der Vokale a, e, i, o, u.

Die Wörter der dritten Zeile dagegen zeigen uns die regelmässigen **kurzen** Laute der Vokale. Aus obiger Zusammenstellung ergeben sich nun folgende Hauptregeln:

---

[1] Insel, östlich von Cantire [2] Fluss, welcher mit der Swale die Ouse bildet. [3] Name des Oberlaufs der Themse bis Oxford. [4] Stadt im Norden Englands an der Irischen See, gegenüber der Insel Man. [5] Halb-Insel in Schottland am Nordkanal. [6] Kap an der Südspitze von Cornwall. [7] Stadt südlich von London

1) Die Vokale bezeichnen die regelmässigen **langen** Laute
   a) in der betonten **offenen**, d. h. auf einen Vokal ausgehenden Silbe,
   b) wenn ihnen in betonter Silbe **ein einfacher Konsonant mit stummem e folgt**.
2) Die Vokale bezeichnen die regelmässigen **kurzen** Laute in der **geschlossenen**, d. h. auf einen Konsonanten ausgehenden Silbe.

Man vergleiche ferner:

Margate, Mersey, Birmingham, York, Burton, Farewell, Windermere, Ireland, Shoreham, Ure, Wharf.

Die in den Wörtern der ersten Zeile gehörten Laute haben die Vokale, **wenn ihnen in betonter Silbe r ohne stummes e folgt**. Wenn dagegen r mit stummem e folgt, so tritt die 1. Hauptregel b) ein, d. h. der Vokal vor r bezeichnet den regelmässigen langen Laut (vgl. **Windermere** und **Evesham, Ireland** und **Whitehaven, Shoreham** und **Stoke, Ure** und **Bute**.) Nur der e-Laut (in der Schrift a) wird durch das folgende r offen: **Farewell** (vgl. dagegen **Wales**). Geht dem a, welchem r ohne stummes e folgt, der w-Laut voraus, so bezeichnet es das lange, offene o: **Wharf**.

C. Konsonanten.

I. Die beiden Laute, welche **der Buchstabe c** bezeichnen kann:
   1) **k-Laut** vor a, o, u, vor Konsonanten und im Auslaut:
      Windsor Castle, Cornwall, Cook, [Clyde].
   2) **ſ-Laut** vor e, i und y:
      City [1]).
II. Die beiden Laute, welche **der Buchstabe g** bezeichnen kann:

---

[1]) Name der Altstadt von London.

1) g-Laut (ſth.) vor a, o, u, vor Konsonanten und im Auslaut:

    Margate, Glas′gow (ow = o gleichl.), Cape of Good Hope, Rugby[1]),

auch vor e und i in germanischen Wörtern: Ger′trude,

    [gu vor e und i bezeichnet ebenfalls den g-Laut (u ist nur Schriftzeichen und wird nicht gesprochen) Guern′sey] (s ſth.)

2) ſth. Zischlaut, französ. j mit vorgeschlagenem d, vor e und i in Wörtern aus dem Romanischen:

    Plantag′enet, Re′gent's Park[2]).

ge vor a und o bezeichnet gleichfalls den ſth. Zischlaut e ist nur Schriftzeichen und wird nicht gesprochen):

    St.[3]) George's (Endg. i mit ſth. s) Channel.

III. Die Zischlaute und ihre Bezeichnung in der Schrift:
1) stimmlos:
    a) ohne Vorschlag (deutsches ſch):
        sh: Shannon, Shakespeare,
        in unbetonter Endung: nation*),
    b) mit vorgeschlagenem t:
        ch: Chester, Minch,
        in unbetonten Endungen: question)
        (qu = kw), nature.*)
2) stimmhaft:
    a) ohne Vorschlag (französisch j)
        in unbetonten Endungen: occasion, measure[4]) (ea = ě geschlossen.)

---

[1]) Städtchen am oberen Avon mit einer berühmten Schule. [2]) Ein Park in London. [3]) St. = Saint heilig [4]) Mass, französisch mesure.

*) Beachte in Bezug auf diese Endsilben die wichtige Ausspracheregel: Wo im Französischen bei den entsprechenden Wörtern kein t-Laut gehört wird, haben wir auch im Englischen keinen: nation (ti = ſch nicht tſch); hört man aber im Französischen einen t-Laut, so wird er auch im Englischen gehört: nature, question (tſch).

b) mit vorgeschlagenem d:
    g: **Plantagenet, St. George's Channel**
       (vergl. oben C. II. 2.)
    j: **James Cook.**

s - Laut:
1) stimmlos:
    s: **Severn, Chester, [Shaftesbury]**,
    ss: **Inverness'** [1]),
    c: **City**, (vergl. oben C. I 2.)
2) stimmhaft:
    s: **Wales, Ouse, Evesham, Leeds,**
    z: **Lizard, New Zealand.**

IV. Der ng - Laut (vergl. deutsch: singen und sinken),
Hastings, Birmingham, Nottingham.
[**Anglesey** oder **Anglesea**] (g = gg, s stl.)]
Cape Dun'cansby.

V. Der fw - Laut wird durch qu bezeichnet:
Queensland (s stl.), **Quentin Dur'ward** [2])

VI. Der th - Laut
1) stimmlos:
Bath (a), **Perth, Firth of** (f = v) **Forth** (o geschl.),
Plymonth (y = ï, ou = ŏ off.), **Northum'berland,**
[**Mer'thyr Tydvil,** [3]] **New South Wales,**] **Bosworth**
(s stl., 2. o = ö off.[4])
2) stimmhaft: **the**[5]) **Cape of Good Hope, the Tower,**
Hythe,[6]) **the Neth'erlands** [7]) (1. e = ë geschl., s stl.)

---

[1]) Hauptstadt der gleichnamigen Grafschaft am kaledonischen Kanal in Schottland. [2]) Ein Roman von Walter Scott. [3]) Stadt im Süden von Wales. [4]) Dorf in der Grafschaft Leicester; Schlacht 1485. [5]) Der bestimmte Artikel für Sing. und Plur. und für alle Geschlechter gleich. [6]) Städtchen am Kanal, westl. von Dover. [7]) Die Niederlande.

Beispiele von Fragen und Antworten über die Musterwörter:

Frage:	Antwort:
	(stets in einem vollen Satz zu geben).
Show me London on the map.	Here is London, Sir.
On what river is London situated?	L. is situated on the Thames.
What is the name of the ocean into which the Thames flows?	The Thames flows into the German Ocean.
What can you tell me of London?	L. is the capital of the British Empire.
Can you name some other towns which are situated on the Thames?	Yes, Sir. Other towns situated on the Thames are Reading and Oxford.
What are the names of the rivers which flow into the Humber?	The rivers which flow into the Humber are the Ouse and the Trent.
Can you tell me the name of some high mountains in Great-Britain?	Yes, Sir. There is Ben Nevis in Scotland, Snowdon in Wales and the Scawfell in the north of England

---

Einige Wörter zu Fragen und Antworten:

there (e = e off)	da
where (e = e off)	wo
here (e = i)	hier
what (a = ö off.)	was, was für ein
which	welcher
tell me	sage, saget / sagen Sie } mir
can you (ou = u)	{ könnt ihr, können Sie, kannst du
show (ow = o geschl.) me	zeige mir
the map	d. Karte
on	auf, an
in	in (wo?)

in'to (o = u)	in (wohin)
to (ū)	zu
near (ea = ī)	nahe bei
of (f = v)	von
riv'er	Fluß
of the river	von d. Flusse, des Flusses
course (ou = ō geschl. s stl.)	Lauf
the lake	der See
source (ou = o͝ geschl.)	Quelle
mouth (ou = a͡u, th stl)	Mund, Mündung
bank	Ufer
right (vergl. Wight)	recht
left	link
is (s sth.) sit'uated (u = jü, a = e̅ geschl., e = i̅)	ist gelegen, liegt
there is	} es gibt
plur. there are (ä)	
to (u) do (ü)	thun
north (th stl.)	Norden
south (ou = a͡u, th stl.)	Süden
to (u) flow (ow = o̅ geschl.)	fließen
3. pers. sing. flows (s sth.)	
cit'y,	große Stadt
cap'ital	Hauptstadt
a town, pl. towns (s sth.)	eine Stadt
an o'cean (ce = sch)	ein Meer
large (g 3l. sth.)	groß
small (a = o off.)	} klein
little	
high (Vgl. Wight)	hoch
name	Name
yes (s stl.), Sir	ja, mein Herr
no	nein
that (th. sth.), plur. those (s sth.)	jener
this (th. sth. s stl.), pl. these (s sth.)	dieser
Great (ea = e̅ geschl.) Brit'ain (ai stumm)	Groß-Britannien

the Brit'ish Em'pire (i = ai)	d. britische Reich
England (e = i, g = gg)	England
Scot'land	Schottland
Amer'ica (1. a ĕ off., o = ĕ geschl.)	Amerika
Austra'lia	Australien
the English Channel	d. Kanal La Manche
the I'rish Sea (ea = i)	d. irische See
the German Ocean (g zl.)	die Nordsee
some (o = ŏ off.)	einige
other (o = ŏ off., th sth.)	andere
east (ea = i)	Osten
west	Westen.

The Evening Bells.
(Thomas Moore)

Those evening bells! those evening bells!
How many a tale their music tells
Of youth, and home, and that sweet time,
When last I heard their soothing chime.

Thom'as (th = t, s stl.)	
Moore (oo = o geschl.)	
e'vening (vgl. Evesham)	Abend
bell	Glocke
how (ow = au)	wie
many (a = ĕ geschl.)	manch
tale	Erzählung, Geschichte
to tell	sagen
their (th sth., ei = e off.)	ihr
mu'sic (s sth)	Musik
youth (ou = u, th stl.)	Jugend
and	und
home	Heim, Heimat
sweet	süß
time	Zeit
when	als, da
last (a)	zuletzt

I	ich
to hear (ea = ī)	hören
he hears (s ſth.)	er hört
he heard (ea = ö off.)	er hörte
soothing (th ſth.)	beſänftigend
chime.	Klang

Those joyous hours are passed away;
And many a heart that then was gay,
Within the tomb now darkly dwells,
And hears no more those evening bells.

joy'ous (ou = ö off.)	fröhlich
an hour (h ſtumm)	eine Stunde
they (th ſth., ey = ē geſchl.) are (ā)	ſie ſind
passed (ā, e ſtumm, d = t)	vergangen
away' (a = ĕ off.)	weg, dahin
heart (ea = ā)	Herz
that (th ſth.)	das, welches
then (th ſth)	damals
was (a = ö off., s ſth.)	war
gay (vgl. Tay)	heiter, fröhlich
within' (th ſth.)	innerhalb, in
tomb (o = ū, b ſtumm)	Grabmal, Grab
now (ow = au)	jetzt
dark, adv. darkly	dunkel
to dwell	verweilen, wohnen
no more	nicht mehr.

And so 'twill be, when I am gone:
That tuneful peal will still ring on,
While other bards shall walk these dells,
And sing your praise, sweet evening bells!

so	ſo
'twill (= it will) be	es wird ſein
I am	ich bin
gone (o = ö off.)	(dahin=)gegangen

tu'neful (2. u = u)	wohlklingend
peal (ea = i)	Geläute
still	noch
to ring on	weiter tönen
while	während
bard	Barde, Sänger
they shall (a = ĕ oss.)	sie sollen
to walk (vgl. Falkland)	gehen, wandeln
dell	Thal
to sing	singen
your (ou = ū)	euer
praise (s sth.)	Preis, Lob.